INDICADORES de GERENCIAMENTO de PROJETOS

Monitoração Contínua

INDICADORES de GERENCIAMENTO de PROJETOS

Monitoração Contínua

Armando Terribili Filho, PMP

M.Books do Brasil Editora Ltda.

Rua Jorge Americano, 61 - Alto da Lapa
05083-130 - São Paulo - SP - Telefones: (11) 3645-0409/(11) 3645-0410
Fax: (11) 3832-0335 - e-mail: vendas@mbooks.com.br
www.mbooks.com.br

Dados de Catalogação na Publicação

Terribili Filho, Armando.
Indicadores de Gerenciamento de Projetos. Monitoração Contínua/ Armando Terribili Filho.
2010 – São Paulo – M.Books do Brasil Ltda.

1. Gerenciamento de Projetos 2. Administração Estratégica 3. Negócios

ISBN: 978-85-7680-087-3

©2010 by Armando Terribili Filho

Editor: Milton Mira de Assumpção Filho

Produção Editorial: Lucimara Leal
Coordenação Gráfica: Silas Camargo
Capa e Editoração: Crontec

2014 – reimpressão
Proibida a reprodução total ou parcial.
Os infratores serão punidos na forma da lei.
Direitos exclusivos cedidos à
M.Books do Brasil Editora Ltda.

Dedico este livro à Leila Vasconcellos,
companheira e cúmplice de viagem,
que um dia se tornou Terribili...

Sumário

Nota sobre o Autor 11

Prefácio 13

Por que Escrevi este Livro? 15

Agradecimentos 19

Como Consultar este Livro 21

Introdução 23

1. Indicadores 25
    1.1 Conceito 25
    1.2 Indicadores de projeto 26
    1.3 Tipos de indicadores de projeto 27
    1.4 Conjunto de indicadores: *Cockpit* 29
        1.4.1 A importância do gerenciamento de custos 30
        1.4.2 A importância do gerenciamento de prazos 30
        1.4.3 A importância da satisfação do patrocinador 31
        1.4.4 *Cockpit* de projeto 31
    1.5 *Cockpit* Ampliado de projeto 33
        1.5.1 A importância do gerenciamento da comunicação 34
        1.5.2 A importância do gerenciamento dos riscos 34
        1.5.3 Cenários do *Cockpit* ampliado de projeto 35

2 Indicador de Satisfação do Patrocinador (ISP) 45
2.1 Conceito 45
2.2 Etapa 1 – Elaboração do questionário 46
2.2.1 Identificar as áreas a serem pesquisadas 46
2.2.2 Criar uma escala de avaliação 46
2.2.3 Elaborar questões autoexplicativas 47
2.2.4 Limitar o número de perguntas 47
2.2.5 Apresentar o questionário com boa qualidade visual 48
2.2.6 Submeter o questionário ao processo de melhoria contínua 48
2.2.7 Exemplo 48
2.3 Etapa 2 – Definição de pontuação, ponderação, grupos de questões e parâmetros 48
2.4 Etapa 3 – Realização da pesquisa 51
2.4.1 Selecionar abordagem (presencial ou a distância) 51
2.4.2 Definir a frequência de realização da pesquisa 52
2.5 Etapa 4 – Cálculo do indicador geral de satisfação 52
2.6 Etapa 5 – Cálculo dos indicadores dos grupos e análise de ofensores 53
2.7 Etapa 6 – Análise da evolução do indicador geral vs. *target* 54
2.8 Subproduto para o PMO: conjunto de subindicadores do ISP .. 59

3. Indicador de Planejamento e Efetividade da Comunicação (IPEC) ...61
3.1 Comunicação 61
3.2 Plano de Comunicação de um projeto 65
3.3 Exemplo de um Plano de Comunicação 67
3.4 Indicador de Planejamento e Efetividade da Comunicação (IPEC) 69
3.4.1 Cálculo do IPEC 71
3.4.2 Interpretação do IPEC 71
3.4.3 Faixas de pontuação do IPEC 71

4. Gerenciamento de Custos e Receitas 73
4.1 Conceitos 73
4.2 Gestão de Custos em Projetos – para empresas prestadoras de serviços 74
4.2.1 Gerenciamento da receita ou gerenciamento do contrato do projeto 76
4.2.2 Contrato *Fixed Price* vs. *Time & Material*: exemplo 76

  4.2.3 Cálculo da margem financeira de um projeto 77
  4.2.4 *Mark-up* 78
  4.2.5 Exemplo: diferença de margem e *mark-up* 78
 4.3 Gestão de Custos em Projetos – para todos os tipos de empresa 79
  4.3.1 Componentes de custos em projetos 79
  4.3.2 Estimativas de custos 79
  4.3.3 Execução do projeto: monitoração dos custos
  (PV, AC, ETC e EAC) 80
  4.3.4 *Earned Value* 84
  4.3.5 *Cost Variance* 85
  4.3.6 *Work completion* ou trabalho realizado: modelos 0/100,
  20/80 e 50/50 86
 4.4 Indicador de Desempenho de Custos – CPI
 (*Cost Performance Index*) 87
  4.4.1 Cálculo do ETC com base no CPI 90
  4.4.2 TCPI – um novo indicador de desempenho de custos 91
 4.5 Fórmulas – revisão geral 92

5. Indicador de Desempenho de Prazos 95
 5.1 Conceito 95
 5.2 Cálculo e interpretação do SPI (*Schedule Performance Index*) 96
  5.2.1 Exemplo de cálculo de SPI 96
  5.2.2 SPI com validade somente durante a execução do projeto ... 98
  5.2.3 SPI independe do CPI 99
  5.2.4 SPI para projeção de prazos 99
 5.3 *Schedule Variance* 100
 5.4 Visão consolidada: CPI e SPI 100

6. Indicador de Gestão de Riscos (IGR) 103
 6.1 Riscos 103
 6.2 Plano de Gestão de Riscos 104
 6.3 Exemplo de um Plano de Gestão de Riscos 107
 6.4 Cálculo do valor da contingência 108
 6.5 Cálculo do IGR – Indicador de Gestão de Riscos 110
  6.5.1 Cálculo do IGR – parte 1 (questões do projeto) 111
  6.5.2 Cálculo do IGR – parte 2 (questões da organização) 111
  6.5.3 Apuração final do IGR 112
  6.5.4 Faixas de pontuação do IGR 112

7. Criando seu próprio Indicador de Monitoração de Projetos 115
   7.1 Níveis hierárquicos da informação.. 115
   7.2 Criação de indicadores: passo a passo 117
      7.2.1 Fase 1 – Definição do indicador....................................... 117
      7.2.2 Fase 2 – Implantação do indicador 118
   7.3 Exemplo de criação de um indicador.. 119
   7.4 Condições essenciais para validação de indicadores 121
   7.5 Indicador único de projeto para todas as dimensões 122

8. PMO e o Conjunto de Indicadores dos Projetos 125
   8.1 PMO 125
   8.2 Monitoração individual de um mesmo indicador em todos os projetos 126
   8.3 Monitoração temporal de um mesmo indicador 130
   8.4 ISP e os subindicadores 131

Índice Remissivo.. 133

Referências... 135

Nota sobre o Autor

ARMANDO TERRIBILI FILHO é pós-doutorando e doutor em Educação pela Universidade Estadual Paulista (UNESP) campus de Marília (SP) e mestre em Administração de Empresas pelo Centro Universitário Alvares Penteado – FECAP em São Paulo. Foi professor titular doutor da Faculdade de Administração da FAAP (Fundação Armando Alvares Penteado). Ainda na FAAP atuou como professor de cursos de pós-graduação em São Paulo, São José dos Campos e Ribeirão Preto, em disciplinas relacionadas à gestão de projetos. Professor convidado da pós-graduação na FATEB de Birigui (SP), do MBA em gestão de projetos na ESIC em Curitiba e no SENAC (São Paulo e Bauru) também na área de gerenciamento de projetos. É articulista do site Meta Análise, com dezenas de artigos publicados.

Com experiência nas áreas de Administração de Empresas, Tecnologia da Informação e Educação, atuando há mais de 25 anos na área de projetos, como gerente e posteriormente como diretor de projetos de empresa multinacional norte-americana, com larga vivência na área pública e privada, em organizações da área financeira, saúde pública, educação, tributação, indústria e varejo, coordenando equipes compostas por gerentes de projetos e consultores. É também sócio-diretor da empresa Result Gerenciamento e Organização da Informação.

Foi palestrante nas principais cidades brasileiras e na Ciudad de Panamá, abordando o tema gerenciamento de projetos. Apresentou trabalho científico na Espanha e tem publicações em revistas especializadas e sites dos Estados Unidos, Portugal, Itália, Espanha, Colômbia, Costa Rica e México, além de publicações em mídias de relevância nacional, como Gazeta Mercantil, Info Corporate, Jornal da Tarde, Jornal de Brasília, Jornal do Commércio, Qualimetria, Revista Cidades do Brasil, Revista Brasileira de Política e Administração da Educação (RBPAE), Revista Ensaio da Fundação Cesgranrio, Revista Mundo Project Management e Valor Econômico.

Detém a certificação PMP (Project Management Professional) do PMI (Project Management Institute) desde 2003 e a certificação ITIL. É certificado nos Estados Unidos como Black Belt, tendo atuado em programas Six Sigma Lean com experiência em gerenciamento de projetos multipaíses na Unisys Brasil. É autor do livro *Gerenciamento de Projetos em 7 Passos: uma abordagem prática*, também publicado pela M. Books.

Prefácio

A decisão de escrever um livro envolve um conjunto complexo de variáveis que precisam ser muito bem avaliadas, com devida atenção, para que o produto final não seja uma pseudo-obra. Muitos autores, por vaidade ou inocência enchem as prateleiras das livrarias com produtos desnecessários que não contribuem significativamente com seus leitores. Não é o caso deste livro, que chega à comunidade de gerenciamento de projetos com propensão a ser uma leitura obrigatória.

Diferentemente da maioria dos livros de gerenciamento de projetos, cujo enfoque é o planejamento, este centra fogo no controle, dando, assim, uma importante contribuição para quem quer ter uma visão holística do gerenciamento de um empreendimento.

A proposta desta obra é orientar os gerentes de projetos que precisem de elementos relevantes e sensíveis para conduzir seus empreendimentos na direção dos objetivos. Nesse aspecto, pode-se dizer que, assim como os pais que planejam o desenvolvimento de seus filhos e os acompanham ao longo de suas vidas, os gerentes de projetos fazem o mesmo com os empreendimentos. Muitos filhos, infelizmente, são abandonados; outros fracassam, mas muitos sobrevivem com dignidade e, alguns destes, tornam-se brilhantes na vida. Com projetos ocorre o mesmo, ou seja, quando bem planejados, acompanhados e controlados, suas chances de sucesso aumentam. Por isso a importância desta obra: ela dá instrumentos aos "pais" (gerentes de projetos) para que possam acompanhar o desenvolvimento de seus "filhos".

Um constructo composto por um conjunto de indicadores de controle de projetos, arquitetado de forma objetiva, precisa e prática, constitui a base conceitual proposta, sendo este, talvez, o maior destaque deste livro. A utilização de indicadores com base neste modelo contribuirá para que o gerente "tenha o projeto nas mãos", levando-se em conta tanto os aspectos mais qualitativos quanto os mais objetivos.

No entanto, merece destaque também a forma prescritiva com que são apresentados e articulados os temas. Capítulo por capítulo, os assuntos vão sendo conduzidos e tratados sem pressa, se complementando para construir conhecimento junto ao leitor.

A originalidade desta obra concentra-se na capacidade do autor em reunir elementos relevantes, tratados pela literatura especializada no assunto, num modelo de controle de projetos singular, sem deixar de lado suas próprias proposições. A abordagem de valor agregado reúne-se a um conjunto sugestivo de indicadores de satisfação do patrocinador, da efetividade da comunicação e do gerenciamento dos riscos de projeto. Para fechar o ciclo é apresentado um roteiro de como criar seu próprio indicador, bem como da relação do escritório de projetos no tratamento dos indicadores.

O autor, com sólida formação no campo acadêmico, é doutor em Educação e é também um militante da área de projetos. É uma dessas pessoas raras que gosta de esmiuçar um problema até encontrar a solução. Atento, sabe navegar no encontro das águas doces do rio da teoria com as águas salgadas do mar da prática. No campo acadêmico, atua como professor em cursos de pós-graduação, além de ministrar palestras para empresas e publicar artigos em revistas especializadas. Do lado prático, tem um currículo que o credencia a participar das decisões do mais alto escalão de empresas de mesmo tipo e ramo de atividade em que atua.

Por tudo isso, leitor, a decisão de escrever este livro, acredito, foi acertada tanto da perspectiva de seu autor, um pensador e praticante de gerenciamento de projeto, quanto do estágio atual de desenvolvimento desta disciplina no Brasil. A obra faz *jus* ao autor e vice-versa.

Boa leitura!

ROQUE RABECHINI JR.
Professor PMDA/Uninove, FEA/USP (Convidado).
Diretor da C&R Consultoria Empresarial Ltda.

Por que Escrevi este Livro?

Na última década, as empresas brasileiras perceberam que trabalhar por projeto é algo extremamente pragmático, pois todo projeto tem um ou vários entregáveis (*delivery*); é um empreendimento temporário (finito em termos de prazos); envolve recursos (materiais, logísticos, humanos, entre outros) e, por isso, exige orçamento prévio e gestão financeira dos investimentos realizados.

Assim, em um determinado espaço de tempo, um produto ou serviço é gerado dentro de um orçamento definido – portanto, a abordagem atual é muito melhor do que aquilo que se fazia antigamente, com execução de planos infindáveis, com desembolsos que cresciam a cada nova etapa e com resultados discutíveis na análise do custo/benefício.

O conceito de projetos trouxe a reboque novas metodologias, o estabelecimento de padrões de mercado com base em *best practices* (do PMI – *Project Management Institute*), a capacitação de profissionais e abordagens mais abrangentes nas organizações, envolvendo estrutura organizacional projetizada, gestão de riscos e gestão da comunicação. Evidentemente, todo projeto deve estar alinhado ao contexto estratégico da empresa ou, melhor dizendo, o conjunto de projetos pode ser considerado como a "tática" para o alcance dos objetivos organizacionais.

Se, por um lado, hoje há no país um cenário de amadurecimento da área de projetos, evidenciado pelo intenso crescimento dos cursos de pós-graduação na área, de publicações recentes, das certificações etc., por outro, nota-se que há lacunas que exigem ação imediata dos administradores e gerentes de projetos, com destaque para os indicadores de monitoração dos mesmos.

Durante minha vida profissional com experiência em projetos na Unisys Brasil e em seus clientes, tenho notado que o uso de indicadores de projetos é muito pouco ou não é bem utilizado. Essa constatação foi ratificada por *feedbacks* obtidos de estudantes de pós-graduação da FAAP, onde atuo como docente. Esses estudantes vivenciam o ambiente de projetos em empresas de diversos setores do mercado. A realidade atual de grande parte das empresas brasileiras é saber do sucesso ou fracasso de um projeto quando o mesmo já terminou, ou quando se encontra em crise intensa, situação que pode levar ao encerramento de forma intempestiva.

Há publicações de elevada qualidade e excelente conteúdo na área de gerenciamento de projetos, entretanto, tenho percebido que a maioria das publicações aborda as dez disciplinas contidas no PMBOK (*Project Management Body of Knowledge*) do PMI (*Project Management Institute*), ou são publicações técnicas específicas para as áreas de Engenharia, TI (Tecnologia da Informação) e Recursos Humanos.[1]

Diante deste cenário, acreditava que deveria existir uma publicação que abordasse os indicadores de monitoração de projetos para qualquer área do conhecimento humano. Em recentes viagens internacionais pela Europa, América do Norte e América do Sul não identifiquei nenhuma publicação especializada no tema. Foi assim que a ideia deste livro se materializou, contemplando a conceituação e a aplicação de indicadores que podem ser utilizados durante a vida de um projeto, ou após sua conclusão.

Outro aspecto relevante que é proposto neste livro é a apresentação de indicadores usuais no mercado, que são utilizados em várias organizações, e também, abordar de forma didática como uma organização pode criar seus próprios indicadores de projetos. É por isso que este livro é destinado a gerentes de projetos, diretores de projetos, profissionais que atuam em PMO (*Project Management Office*), estudantes de cursos de gerenciamento de projetos em nível de graduação ou pós-graduação, independentemente de serem profissionais certificados ou não. Quanto à forma de tratamento que foi utilizada no livro, o profissional de gerenciamento de projetos é citado pelo gênero masculino, assim, quando menciono "o Gerente de Projetos", estou me referindo ao profissional, seja ele do sexo masculino ou feminino.

Os indicadores podem ser utilizados, sobretudo, durante a vida do projeto, pois com base em suas "leituras e interpretações" se pode saber

---

[1] As dez disciplinas contidas no PMBOK (*Project Management Body of Knowledge*) são: gerenciamento da integração, gerenciamento do escopo, gerenciamento do tempo, gerenciamento dos custos, gerenciamento da qualidade, gerenciamento dos recursos humanos, gerenciamento das comunicações, gerenciamento dos riscos, gerenciamento das aquisições e gerenciamento das partes interessadas.

de forma pontual se um projeto vai bem ou não. É com base nesses indicadores de projetos que se identificam os desvios, que possibilitam a reflexão do Gerente de Projetos acerca das causas-raiz que geraram a variação do indicador em relação ao planejado e, posteriormente, elaborar planos de ação para endereçar as causas identificadas, a fim de corrigir rotas, amenizar desvios ou melhorar a *performance* do projeto seja em termos financeiros, de prazos, de qualidade ou de satisfação do patrocinador e do usuário final.

Além da teoria, neste livro há exemplos práticos e reais do mundo de projetos, a fim de auxiliá-lo no uso eficiente de indicadores, sejam os de mercado, sejam os criados de forma independente.

ARMANDO TERRIBILI FILHO

Agradecimentos

Como este livro é um subproduto de minha vivência pessoal, profissional e acadêmica, devo agradecer às minhas quatro famílias: a de sangue, a dos amigos, a da Unisys Brasil e a da FAAP, que muitas vezes se confundem no dia a dia.

A família de sangue, aquela dos laços emocionais e afetivos, que nos apoia de forma incondicional, incentivando-nos e estimulando-nos, *il mio vero grazie di cuore* a Leonardo, Bruna, Holy, Valquiria, Valderez e meus pais Armando e Augusta (*in memorian*).

Para a família Unisys, com um percurso de mais de 20 anos de atividade profissional, algumas pessoas foram responsáveis diretas pelo meu desenvolvimento profissional, orientação e encaminhamento, apoiando-me na obtenção da certificação PMP e incentivando minha participação em diversos *workshops* de facilitação para certificação de outros profissionais da Unisys. Meus sinceros agradecimentos a Eneida Telles, Fátima Gaspar, Jacques Rollet, Janette Sakamoto, Jorge Sevilhano, Luis Delphim Esteves, Marcio Augusto Spinelli (*in memorian*), Marco Ferreira, Marcos Dallaval, Maria Antonia Costa, Marisol Minamoto, Nancy Tencer, Nélia Soares, Richard Goluskin, Rosario Astorga, Sérgio Machado, Solange Gaglioti e Yutaka Hotta.

A família FAAP marcada por mais de sete anos de compromisso com a Educação em nível de graduação e pós-graduação, não poderia deixar de agradecer aos colegas da Faculdade de Administração, aos da Faculdade de Computação e Informática e aos da Pós-graduação, sobretudo a Emerson Piovezan, Francisco Paletta, Henrique Vailati Neto, José Roberto Baldin, José Sarkis Arakelian, Marco Antonio Simões, Marcos Oliveira, Victor Mirshawka Júnior e aos alunos que tanto contribuíram com seus questionamentos e pedido de apoio em suas monografias, propiciando que eu pesquisasse e me aprofundasse cada vez mais no tema.

Na família dos amigos, acho que a maior de todas, pois engloba também as outras três, coloco em público meus agradecimentos pelos chopes, pelas pizzas e pelo apoio sempre incondicional de Adriana Rotger, Anderson Godzikowski, Antonio Carlos Pião, Cláudio Roberto Finati, Cristiane Starke, Hélia Sonia Raphael, Iraíde Barreiro, Laura Farias Spiewak, Miriam Favilla Caçador, Patrícia Ferreira, Ricardo Aldegheri, Sonia Garcia, Umberto Andrade Pinto e Valdeliz Vasconcellos.

A todos, valeu!

Como Consultar este Livro

Este livro foi estruturado em oito capítulos, que podem ser lidos em qualquer sequência, pois o objetivo foi produzir um livro de consulta, para utilização prática no dia a dia do profissional que atua na área de projetos.

São apresentados cinco indicadores de monitoração de projetos que podem ser utilizados de forma independente em seu transcorrer. Estes mesmos indicadores podem ser utilizados em qualquer momento da execução do projeto ou ao final do mesmo. Os cinco indicadores são: de satisfação do patrocinador do projeto (Capítulo 2), de planejamento e efetividade da comunicação do projeto (Capítulo 3), de desempenho de custos do projeto (Capítulo 4), de desempenho de prazos (Capítulo 5) e de gestão de riscos (Capítulo 6). Exceto os indicadores de custos e prazos que requerem alguns pré-requisitos e esforço para cálculo, os demais podem ser imediatamente utilizados, permitindo uma rápida e fácil avaliação do projeto em algumas dimensões fundamentais, como: comunicação, riscos e satisfação do patrocinador.

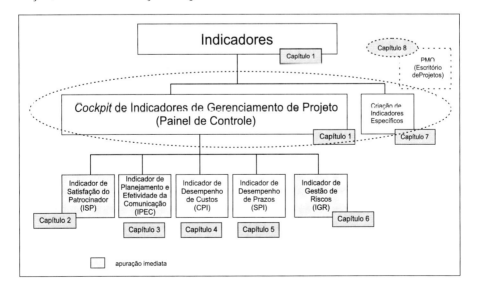

O livro, estruturado em oito capítulos, apresenta no primeiro: os conceitos de indicador, indicador de projetos e os tipos de indicadores. Neste capítulo, apresenta-se o conceito de *"cockpit de indicadores de projeto"* (painel de controle), composto pelos cinco indicadores mencionados. A interpretação do *Cockpit* é fundamental para que se faça uma avaliação completa e com bom nível de precisão do progresso de um dado projeto.

No caso dos indicadores de satisfação do patrocinador (Capítulo 2), de planejamento e efetividade da comunicação (Capítulo 3) e de gestão de riscos (Capítulo 6), como não há um padrão de mercado, no livro são apresentados modelos desenvolvidos pelo autor, que contemplam os itens mais relevantes para essas áreas de avaliação. Esses modelos podem ser utilizados em sua totalidade (pois independem do tipo de organização) ou podem ser adaptados à realidade de projetos da organização.

Quanto aos indicadores de monitoração e desempenho de custos, no Capítulo 4 são apresentados: o CPI (*Cost Performance Index*) e o TCPI (*To-Complete Performance Index*) que foi divulgado na quarta edição do PMBOK (*Project Management Body of Knowledge*) do PMI (*Project Management Institute*) em 2008. Esse Capítulo contém a conceituação do EV (*Earned Value*), pois é prerrequisito para entendimento e utilização dos indicadores de mercado CPI e TCPI. O indicador de monitoração e desempenho de prazo é apresentado no Capítulo 5. É o indicador de mercado SPI (*Schedule Performance Index*), que também utiliza o EV (*Earned Value*).

No Capítulo 7, é apresentada uma orientação e alguns cuidados que se deve ter para que a organização crie seus próprios indicadores de monitoração e desempenho de projetos, com base em suas particularidades, premissas e restrições. Já no Capítulo 8, discute-se a utilização dos indicadores na visão do PMO (*Project Management Office*).

Alguns termos em inglês da área de gerenciamento de projetos foram utilizados no livro, em função do conhecimento disseminado na atualidade, como: *sponsor* (patrocinador), *performance* (desempenho), *stakeholders* (participantes e interessados no projeto), *target* (meta, alvo), *Cockpit* (painel de controle) e PMO (*Project Management Office*), que representa Escritório de Projetos.

As siglas PMI e PMBOK são marcas registradas do *Project Management Institute*.

Introdução

Imagine que você receba um e-mail de uma pessoa de sua confiança, contendo no texto da mensagem, única e exclusivamente, o número 39. Isto mesmo: 39! Você ficará intrigado, pois esse dado não lhe diz muita coisa, impossibilitando-o de qualquer ação ou resposta ao emissor. No entanto, se em uma segunda mensagem você receber no texto o número 39 acompanhado por uma unidade de medida, por exemplo, graus Celsius (°C), essa informação passa a representar algo para você: a temperatura de 39°C – que pode ser de um ambiente, de um conteúdo líquido ou de uma pessoa. Se em uma terceira mensagem, você receber o texto informando que uma pessoa de sua família está com 39°C, isso indicará que há febre. Essa sua decisão baseia-se no conhecimento de que a temperatura normal do corpo humano oscila entre 36°C e 37°C, e que temperaturas acima desse intervalo representam situação febril e abaixo do intervalo, indicam hipotermia. Nesse *insight*, apresenta-se a diferença entre dado (39), informação (39°C) e conhecimento (febre).

Os quatro níveis hierárquicos da informação são: dado, informação, conhecimento e inteligência. Dado é a classe mais baixa de informação, é a matéria-prima que será utilizada na produção de informações. A informação é o resultado do processamento de um dado, mesmo que seja uma interpretação inicial. Conhecimento é a avaliação da informação, sua relevância e importância, por isso a transformação da informação em conhecimento depende do *background* do receptor da mesma quando a "interpreta". O conhecimento não é estático, pois se modifica a partir da interação com o ambiente (processo de aprendizado). A inteligência é o conhecimento que foi sintetizado e aplicado à determinada situação, sendo uma habilidade puramente humana, baseada na experiência e intuição. No *insight* realizado há pouco, acerca do estado febril, o quarto nível hierárquico da informação seria a "inteligência", que representaria ministrar um medicamento à pessoa, conforme orientação médica, ou qualquer outra iniciativa, com base na sua experiência.

O caso apresentado, da pessoa com 39°C, mostra que um indicador pode ser representativo e mostrar de forma precisa uma situação momentânea. Entretanto, uma análise histórica do mesmo indicador pode fornecer outras informações relevantes, por exemplo: se a temperatura da pessoa estava 40°C há uma hora, 39,5°C há meia hora, e 39,2°C há quinze minutos, isso indica que há uma redução na temperatura da pessoa e que, provavelmente, já foi medicada. Contudo, se a temperatura da pessoa indicava 37,5°C há uma hora, 38,3°C há meia hora, e 38,8°C há quinze minutos, esse quadro indica que a situação está se agravando e alguma ação deve ser executada. Note que, a temperatura é a mesma nas duas situações (39°C), porém, no primeiro caso a temperatura está caindo no decorrer do tempo, retornando à normalidade; enquanto no segundo caso, a temperatura sobe, distanciando-se do patamar considerado normal.

E os projetos? Evidentemente que não têm temperatura ou febre, mas, com certeza, há indicadores que podem medir "a saúde" do projeto durante seu ciclo de vida. Assim como a temperatura, esses indicadores mostram a situação momentânea e ao longo do tempo indicam tendências, que por meio de ações gerenciais podem ser consolidadas como verdadeiras, ou então, revertidas. Esse conjunto formado por indicadores, evolução temporal desses indicadores, ações e resultados obtidos deve ser incorporado nas *lessons learned* (lições aprendidas) da empresa, na sua base de conhecimentos explícitos. O professor norte-americano John Dewey (1859-1952) dizia que ninguém é capaz de pensar em alguma coisa sem experiência e informação sobre ela, evidenciando que teoria e prática são elementos indissociáveis da mesma moeda: o conhecimento humano.

1
Indicadores

1.1 Conceito

Os indicadores são "mostradores" de uma dada situação. Um exemplo de indicador é a velocidade mostrada no velocímetro de um veículo (meio de verificação). Nele, a cada momento, o motorista consegue saber a velocidade instantânea, podendo avaliar se deve manter tal velocidade, aumentar ou reduzir diante de suas necessidades ou restrições. Com isso, o motorista consegue saber se há risco de multa por exceder a velocidade limite estabelecida e, também, se atingirá o destino no prazo esperado.

Outro *indicador* também presente no nosso dia a dia é a temperatura, que tem como meio de verificação o termômetro. Há diferentes termômetros que medem a temperatura de um ambiente, do corpo humano, de um forno etc. Por exemplo, após se fazer a leitura da temperatura do corpo de uma pessoa, analisa-se o resultado e se define as ações investigativas e corretivas, caso necessário. Se a temperatura estiver entre 36°C a 37°C, pode-se concluir que a pessoa está com a temperatura nos padrões de normalidade para o ser humano. Entretanto, se a temperatura estiver abaixo de 36°C ou acima de 37°C, pode representar respectivamente, hipotermia ou febre, exigindo alguma ação para corrigi-la. Em projetos ocorre o mesmo, pois um indicador mostra a saúde do projeto diante de padrões preestabelecidos. Caso os resultados indiquem anormalidade, caberá ao Gerente de Projetos identificar as causas-raiz que geraram tal situação. De forma análoga, no caso de a temperatura corpórea estar fora dos padrões definidos, caberá ao médico identificar as razões que causam a hipotermia ou febre, para poder medicar de forma correta. Lembre-se de que um medicamento antitérmico soluciona a situação da febre de maneira efêmera, não solucionando definitivamente o problema, pois o mesmo atua no sintoma; a análise da causa-raiz é que determinará qual o medicamento que agirá sobre a causa e eliminará efetivamente a febre.

Os indicadores podem ser quantitativos ou qualitativos. Os quantitativos são representações numéricas para expressar as variações quantificáveis, como por exemplo: *turnover* em uma organização, rentabilidade de agência bancária por m², percentual de analfabetismo no país, média de público em jogos de futebol, custo médio por aluno matriculado, absenteísmo de professores da rede pública e da rede privada, tempo médio de durabilidade de um veículo etc.

Já os indicadores qualitativos são aqueles que não podem ser facilmente representados de forma quantificável, pois expressam opinião das pessoas, valores, crenças, atitudes, comportamentos e reações.

1.2 Indicadores de projeto

Os indicadores de projeto são instrumentos de avaliação que permitem comprovar empiricamente (com base na experiência e observação) e com objetividade, a progressão de uma ou várias dimensões de um projeto diante das metas preestabelecidas. Assim, os indicadores que monitorarão um projeto devem ser definidos na fase de planejamento, possibilitando na execução do projeto, medir e avaliar o avanço e as variações daquilo que se observa diante do planejado.[1 e 2]

Um indicador deve atender a dois requisitos básicos: permitir comparações históricas para se avaliar as variações ocorridas e permitir estabelecer prognósticos (projeções). Embora um indicador possa ser avaliado em vários momentos da execução de um projeto, a última posição é a que prevalece e que é relevante para análises, pois os registros anteriores têm utilidade exclusiva de medir as mudanças ocorridas no indicador, não mais representando a situação atual do projeto. *Grosso modo*, um indicador representa uma "fotografia" do projeto naquele dado momento, sendo que a última é a mais realista.

---

[1] ANDER-EGG, Ezequiel; AGUILAR IDÁNEZ, Maria José. *Cómo elaborar un proyecto: guía para diseñar proyectos culturales y sociales*. 18. ed. Buenos Aires: Lúmen/Hvmanitas, 2005. p. 63.
[2] Entende-se por dimensão de um projeto uma área específica que pode ser avaliada quanto ao desempenho, como: custos, prazos, riscos, qualidade, satisfação do patrocinador, satisfação do usuário final, entre outras.

1.3 Tipos de indicadores de projeto

Há quatro tipos de indicadores de projeto: de impacto, de efetividade, de desempenho e operacionais. Os indicadores de impacto medem o objetivo geral do projeto com resultados em longo prazo e sua contribuição para a organização ou sociedade; os indicadores de efetividade medem os resultados dos objetivos propostos em um determinado período de tempo, após a produção dos resultados do projeto. Já os de desempenho evidenciam se os resultados planejados foram alcançados — pode-se citar o ROI (*Return Of Investment*), o CPI (*Cost Performance Index*) e um indicador de prazo obtido ao final do projeto. Os indicadores operacionais são aqueles medidos durante a vida de um projeto, tendo como alvo as atividades e os recursos, e sinalizam qual é a tendência do projeto, caso não exista nenhuma ação efetiva de alteração do curso atual. Os indicadores de impacto, de efetividade, de desempenho são indicadores medidos após a conclusão do projeto, ou mesmo, depois de transcorrido um tempo após a conclusão. Estes indicadores têm importância na avaliação final do projeto, e sobretudo, para balizar novos projetos, similares ao projeto finalizado.[3 e 4]

Um exemplo de utilização dos quatro tipos de indicadores seria a criação de um projeto de "Melhoria da Segurança Pública no Estado do Paraná", com duração estimada de 12 meses, englobando investimentos na infraestrutura das polícias civil e militar (aparelhagem tecnológica, capacitação e educação), na conscientização do cidadão e na sua coparticipação no projeto tendo por ambientes-alvo escolas, comunidades de bairro e instituições religiosas.

Os indicadores operacionais que podem ser monitorados durante a execução do projeto seriam: o CPI (custos), SPI (prazos), o indicador de capacitação dos policiais, indicador de palestras realizadas nos ambientes-alvo, indicador de aquisição de aparelhagem tecnológica etc., assim os indicadores operacionais representam medições realizadas periodicamente no projeto, a fim de acompanhar sua evolução, identificando eventuais desvios do plano realizado. Os indicadores de desempenho têm como alvo os resultados do projeto; assim, a redução da taxa de criminalidade nas maiores cidades paranaenses seria um exemplo. Um indicador

---

[3] ARMANI, Domingos. Como elaborar projetos? *Guia prático para elaboração de projetos sociais*. Porto Alegre: Tomo Editorial, 2004. p. 58-68.
[4] O ROI (*Return Of Investment*) é calculado como quociente entre benefícios líquidos obtidos com o projeto pelo valor total de custos incorridos no mesmo.

de efetividade, que mede os efeitos dos resultados do projeto, poderia ser o nível de satisfação do cidadão paranaense quanto à sua segurança pessoal; e finalmente, os indicadores de impacto (objetivo geral) seria a melhoria da qualidade de vida da população, a atratividade para a realização de eventos nacionais e internacionais, a migração de empresas oriundas de outras unidades da federação, o crescimento econômico estadual, o nível de emprego, entre outros.

Evidentemente, os quatro tipos de indicadores de projeto são importantes, todavia, os operacionais que monitoram as atividades e os recursos devem ser a "bússola" dos Gerentes de Projetos, definidos em tempo de planejamento de projeto, para que durante a fase de execução e controle haja uma efetiva monitoração. Os demais tipos de indicadores são calculados após a conclusão do projeto. Em particular, os indicadores de desempenho, em alguns casos, podem ser parcialmente monitorados durante a execução do projeto. Na Figura 1.1, temos um quadro resumo dos tipos de indicadores de projetos.

Tipo de Indicador	Alvo	Quando medir	Exemplos
Operacional	"Atividades e recursos (financeiros, humanos e materiais)".	Monitoração no transcorrer do projeto e ao final.	CPI e SPI.
de Desempenho	Resultados do projeto.	Ao final do projeto.	CPI, Indicador final de prazo, Indicador de Qualidade e ROI.
de Efetividade	Efeitos dos resultados do projeto.	Após um certo período, após conclusão do projeto.	Contribuições dos resultados do projeto.
de Impacto	Objetivo geral.	Após um certo período, após conclusão do projeto.	Contribuições do projeto em longo prazo.

Figura 1.1 - Tipos de Indicadores de Projetos

Na área de projetos, entre os indicadores operacionais, fala-se muito em CPI (*Cost Performance Index*) e SPI (*Schedule Performance Index*), que respectivamente representam: o indicador de desempenho de custos em um projeto e o indicador de desempenho de prazos no projeto (cronograma), com base na execução de atividades e custos planejados/incorridos. Esses dois indicadores devem funcionar como ferramentas gerenciais de monitoração dos projetos em seu dia a dia quanto ao orçamento e cronograma.

Esses indicadores estão detalhados nos Capítulos 4 e 5, respectivamente.

Se um indicador é uma medição, e se é possível estabelecer um padrão (valor esperado) para cada indicador, então as variações determinam que algo está fora das condições de normalidade, exigindo do Gerente de Projetos avaliação da variação, análise dos agressores que causam as variações e elaboração/execução de planos de ação para ajuste da rota. Por exemplo: o CPI e SPI têm como padrão de normalidade o número 1,0. Qualquer variação para cima indica que o projeto está melhor que o planejado em termos de custos (CPI) ou em termos de prazos (SPI); porém, se abaixo de 1,0 indicam situação adversa em uma ou em ambas as dimensões citadas.

A utilização de indicadores de desempenho no gerenciamento de projetos é, na atualidade, indispensável para o efetivo acompanhamento e tomada de decisões. A não utilização seria o mesmo que monitorar a febre de uma pessoa sem utilizar um termômetro (meio de verificação), usando apenas o contato físico ou a aparência da pessoa para efetuar a avaliação. Naturalmente que isso pode funcionar mesmo com baixo nível de precisão, mas, também, pode falhar, com impacto gravíssimo.

Em projetos, a situação é a mesma, os indicadores são fotografias instantâneas dos projetos, mas que indicam tendências. Podem ser utilizados os indicadores que foram criados na própria empresa, ou os usuais do mercado, lembrando-se de que gerenciar projetos deixou, há muito, de ser algo intuitivo, pois exige do gerente a aplicação de metodologias, gestão do conhecimento e profissionalismo.

1.4 Conjunto de indicadores: *Cockpit*

Os indicadores operacionais podem representar "leituras" de várias dimensões de um projeto, como: satisfação do patrocinador, custos, tempo, riscos etc. O conjunto desses indicadores forma um *Cockpit*, que *grosso modo* pode ser considerado como o Painel de Controle do Gerente de Projetos. De forma análoga, um avião tem indicadores de velocidade, de orientação, de altitude (altímetro), pressão, temperatura interna e externa etc. Assim, a leitura dos indicadores no painel da aeronave determina se o voo está em situação de normalidade ou não; e nesse caso, é possível identificar qual é o item que apresenta condição de exceção.

O *Cockpit* básico de um projeto deve ser composto por pelo menos quatro indicadores: custo, prazo, qualidade e satisfação do patrocinador, pois esses itens representam o alicerce de qualquer projeto. Como o objetivo deste livro é apresentar os indicadores operacionais, para que o Gerente de Projetos possa monitorar a execução do projeto, o *Cockpit* básico será reduzido a três indicadores: custo, prazo e de satisfação do patrocinador, pois o indicador de qualidade é específico e, em geral, apurado no final do projeto.[5]

1.4.1 A importância do gerenciamento de custos

Imagine que um projeto esteja caminhando de acordo com o cronograma definido, tendo inclusive diversas atividades concluídas antes do prazo estipulado. Ademais, o patrocinador tem se mostrado extremamente satisfeito com base nos *deliveries* parciais que lhe são mostrados. A situação seria de conforto absoluto, não tivesse o projeto ultrapassado em muito o valor do *budget* (orçamento) definido, não havendo mais fontes para obtenção de recursos adicionais. Assim, o projeto terá de ser finalizado pois não haverá recursos para pagar a mão de obra que atua no projeto, os aluguéis dos computadores, os *folders* para divulgação do produto, entre outros itens.

Se o indicador CPI (*Cost Performance Index*) tivesse sido utilizado desde o início do projeto, a situação teria sido percebida a tempo e ações poderiam ter provocado uma gestão de custos mais econômica, com eventual redução de escopo e com negociações com eventuais fornecedores. Evidentemente, o indicador por si não resolveria a situação, mas sinalizaria antecipadamente o que viria a ocorrer.

1.4.2 A Importância do gerenciamento de prazos

O "vestido de noiva" é o típico projeto em que o prazo é fundamental. Não adianta ter um custo adequado, a noiva ficar satisfeitíssima com o modelo, tecido e cor, se o prazo não for cumprido, se a entrega ocorrer alguns dias após a cerimônia de casamento. Há outros casos em que o prazo é inadiável, um deles foi o projeto *Bug* do Milênio, quando as empresas tiveram de adequar seus sistemas de informação para a virada do ano 1999 para 2000.

---

[5] Um Indicador de Qualidade é importante para qualquer projeto, no entanto, é específico para cada tipo de projeto. Por exemplo, um indicador em um projeto de desenvolvimento de *software* aplicativo pode ser a quantidade de *bugs* (falhas) por linha de código ou por pontos de função; um indicador de qualidade em um uma feira internacional é o número de visitantes recebidos diante do esperado; um indicador de qualidade em um projeto de saúde pública é obter 100% em vacinações contra a paralisia infantil em crianças de 0 a 4 anos. Desta forma, o indicador de qualidade é, em geral, apurado ao final do projeto, embora possam ser realizadas medições parciais no transcorrer do mesmo.

Outro exemplo é o projeto de urna eletrônica, pois a eleição tem data predeterminada em todo o país; assim, a urna tem de estar pronta (*hardware* e *software*), precisa ser distribuída com rígidos critérios de segurança, a equipe de atendimento técnico pelo país precisa ter sido selecionada e treinada, o *call center* necessita ter infraestrutura e ter os roteiros de atendimento elaborados e testados. O projeto de urna eletrônica exige uma minuciosa e precisa logística, envolve milhares de profissionais, para um projeto inadiável e com "um único" dia de duração.

No contexto da importância de gerenciar *deadlines* e evitar atrasos, surge o SPI (*Schedule Performance Index*) que é um útil instrumento de monitoração de prazos em um projeto, permitindo avaliar se o progresso do projeto está de acordo com o ritmo original planejado, permitindo identificar quais as atividades que estão impactando, positiva ou negativamente, a velocidade do projeto.

1.4.3 A importância da satisfação do patrocinador

De nada adianta um projeto ter sido concluído no prazo e dentro do orçamento definido se o patrocinador não dá o aceite final, se na sua visão o projeto não atendeu aos requisitos definidos com o padrão de qualidade esperado. Situações similares transformam-se em litígios entre empresas, que são concluídos em tribunais após anos de discussões. Passando ao largo de julgamento de valor, mas, muitas vezes o escopo de um projeto é mal definido e assim segue durante todo o projeto, quando ao final, a crise eclode. Dessa forma, recomenda-se que a satisfação do patrocinador seja monitorada no transcorrer do projeto; para tanto, a existência de um indicador seria um instrumento indispensável.

1.4.4 *Cockpit* de projeto

Na Figura 1.2, temos um modelo de *Cockpit* para o gerenciamento de projetos utilizando três indicadores: de custos, de prazos e de satisfação do patrocinador. Assumiu-se como premissa que cada indicador pode ter um dos *ratings*: verde, amarelo ou vermelho (padrão internacional e autoexplicativo). O critério para atribuição dos *ratings* para esses três indicadores está detalhado nos Capítulos 4, 5 e 2, respectivamente. Assim, pode-se identificar 27 cenários distintos no *Cockpit* proposto. Excepcionalmente, quando os três indicadores estão qualificados como vermelho, foi atribuído "preto" para o *rating* geral do projeto, o que representa uma condição de absoluta exceção e a necessidade de intervenção imediata.

	Indicador de Custos (CPI)	Indicador de Prazos (SPI)	Indicador de Satisfação do Patrocinador (ISP)	*Rating* Geral
1	Verde	Verde	Verde	Verde
2	Verde	Verde	Amarelo	Amarelo
3	Verde	Verde	Vermelho	Vermelho
4	Verde	Amarelo	Verde	Amarelo
5	Verde	Amarelo	Amarelo	Amarelo
6	Verde	Amarelo	Vermelho	Vermelho
7	Verde	Vermelho	Verde	Vermelho
8	Verde	Vermelho	Amarelo	Vermelho
9	Verde	Vermelho	Vermelho	Vermelho
10	Amarelo	Verde	Verde	Amarelo
11	Amarelo	Verde	Amarelo	Amarelo
12	Amarelo	Verde	Vermelho	Vermelho
13	Amarelo	Amarelo	Verde	Amarelo
14	Amarelo	Amarelo	Amarelo	Amarelo
15	Amarelo	Amarelo	Vermelho	Vermelho
16	Amarelo	Vermelho	Verde	Vermelho
17	Amarelo	Vermelho	Amarelo	Vermelho
18	Amarelo	Vermelho	Vermelho	Vermelho
19	Vermelho	Verde	Verde	Vermelho
20	Vermelho	Verde	Amarelo	Vermelho
21	Vermelho	Verde	Vermelho	Vermelho
22	Vermelho	Amarelo	Verde	Vermelho
23	Vermelho	Amarelo	Amarelo	Vermelho
24	Vermelho	Amarelo	Vermelho	Vermelho
25	Vermelho	Vermelho	Verde	Vermelho
26	Vermelho	Vermelho	Amarelo	Vermelho
27	Vermelho	Vermelho	Vermelho	Preto

Figura 1.2 - *Cockpit* de indicadores de projetos

Para cada cenário, foi atribuído um *rating* geral ao projeto (verde, amarelo ou vermelho). Por exemplo, o cenário 6 representa que o indicador de custos está dentro dos padrões definidos (verde), contudo, o indicador de prazo está em situação qualificada como amarela e o de satisfação do patrocinador como vermelha; assim, o projeto foi qualificado como vermelho.

Em função de características gráficas de impressão do livro, os *ratings* verde, amarelo, vermelho e preto foram representados pelas cores branca, dois tons de cinza distintos e preta, a fim de manter consistência entre os *ratings* e a intensidade de coloração.

O critério para atribuição do *rating* geral foi:

- Verde: somente se os três indicadores estão em "verde";
- Amarelo: se não há indicador algum em condição "vermelha";
- Vermelho: há pelo menos um indicador em condição "vermelha";
- Preto (condição de absoluta anormalidade): os três indicadores estão em condição "vermelha".

Transformando esses *ratings* em uma única frase, poder-se-ia atribuir:

- Verde: "prosseguir";
- Amarelo: "atenção, analisar os ofensores e definir plano de ação corretivo";
- Vermelho: "perigo, avaliar com profundidade os agressores, definir plano de ação corretivo e monitorar resultados em curtíssimo prazo";
- Preto (condição de absoluta anormalidade): No caso específico do cenário 27, no qual os três *ratings* são vermelhos, o Gerente de Projetos deve analisar a possibilidade de encerrar o projeto mesmo antes de sua conclusão, ou estabelecer um plano de recuperação agressivo, com apoio do patrocinador. Há necessidade de intervenção imediata.

A vantagem da utilização deste *Cockpit* pela organização é que todos os projetos em andamento passam a ser avaliados com os mesmos critérios, criando uma linguagem comum para todos os Gerentes de Projetos, equipes de trabalho, PMO e patrocinadores.

1.5 *Cockpit* ampliado de projeto

É possível ampliar o *Cockpit* de projetos com a inserção de dois outros indicadores: Indicador de Planejamento e Efetividade da Comunicação

(IPEC) e o Indicador de Gestão de Riscos (IGR), discutidos nos Capítulos 3 e 6, respectivamente.

1.5.1 A importância do gerenciamento da comunicação

A comunicação em projeto é talvez um dos itens mais importantes para o sucesso de um projeto e um dos mais negligenciados pela gerência. A comunicação em um projeto tem três grandes pilares: Plano de Comunicação (criação, atualização e utilização), Reuniões de Progresso e Reuniões Executivas (com pautas preestabelecidas, documentação de itens de ação com prazos e responsabilidades definidos) e Orientações à Equipe, que contemplam as instruções para o desenvolvimento das atividades, os *feedbacks* e as avaliações de desempenho dos integrantes da equipe.

Dessa forma, gerenciar a comunicação é gerenciar o que está sendo feito, o que está sendo falado e o que está sendo documentado, constituindo-se assim, em alicerce de uma boa gestão do projeto. Assim, diante desse dinamismo no contexto de execução de um projeto, torna-se imprescindível que haja uma gestão efetiva e monitorada, por exemplo, por meio de um indicador específico.

1.5.2 A importância do gerenciamento dos riscos

Risco representa algo que pode ou não ocorrer, porém, se ocorrer trará impactos ao projeto em termos de custos, prazos, qualidade etc. Um dado importante: um risco é algo que ainda não ocorreu (se tivesse ocorrido seria realidade e não um risco) e que tem alguma chance de acontecer (se a probabilidade fosse zero, o risco não existiria mais). Por outro lado, os riscos previstos podem ser gerenciados por meio de abordagens já conhecidas, como: evitar o risco (*avoidance*), reduzir o impacto ou a probabilidade de ocorrência (*mitigation*), contratar um seguro para o risco (*transference*) e elaborar plano de contingência, o qual é disparado caso o risco se torne realidade (*acceptance*).

Assim, gerenciar riscos e o valor da contingência do projeto não é tarefa fácil para o Gerente de Projetos, sobretudo porque é algo dinâmico, pois novos riscos podem ser identificados em tempo de execução do projeto, bem como alguns podem deixar de existir.

1.5.3 Cenários do *Cockpit* ampliado de projeto

O *Cockpit* ampliado para o gerenciamento de projetos utiliza cinco indicadores como componentes: de custos (CPI), de prazos (SPI), de satisfação do patrocinador (ISP) de planejamento e efetividade da comunicação (IPEC) e o de gestão de riscos (IGR). Cada um desses indicadores é discutido em capítulo específico no livro.

Assumiu-se como premissa que cada indicador pode ter um dos *ratings*: verde, amarelo e vermelho. O critério para atribuição dos *ratings* para os dois indicadores que foram introduzidos no *Cockpit* original (IPEC e IGR) está detalhado nos Capítulos 3 e 6, respectivamente. Assim, poder-se-ia identificar 243 cenários distintos no *Cockpit* ampliado.

A atribuição do *rating* geral para os 243 cenários existentes (Figura 1.3) teve como parâmetros:

- Verde: somente se os cinco indicadores estão em "verde" ou quatro em "verde" e um em "amarelo" (6 cenários);
- Amarelo: não há indicador algum em condição "vermelha" (26 cenários);
- Vermelho: há um ou dois indicadores em condição "vermelha" (160 cenários);
- Preto (condição de absoluta anormalidade): há três ou mais indicadores em condição "vermelha" (51 cenários).

Transformando estes *ratings* em uma única frase, poder-se-ia atribuir:

- Verde: "prosseguir";
- Amarelo: "atenção, analisar os ofensores e definir plano de ação corretivo";
- Vermelho: "perigo, avaliar com profundidade os agressores, definir plano de ação corretivo e monitorar resultados em curtíssimo prazo";
- Preto (condição de absoluta anormalidade): nos casos específicos dos cenários com três ou mais indicadores em "vermelho", diante da criticidade da situação, cabe ao Gerente de Projetos analisar a alternativa de encerrar o projeto antecipadamente, ou estabelecer um plano de recuperação emergencial, com apoio incondicional e total do patrocinador.

Cenário	Indicador de Custos (CPI)	Indicador de Prazos (SPI)	Indicador de Satisfação do Patrocinador (ISP)	Indicador de Planej. e Efetiv. Comunic. (IPEC)	Indicador de Gestão de Riscos (IGR)	*Rating* Geral
1	Verde	Verde	Verde	Verde	Verde	Verde
2	Verde	Verde	Verde	Verde	Amarelo	Verde
3	Verde	Verde	Verde	Verde	Vermelho	Vermelho
4	Verde	Verde	Verde	Amarelo	Verde	Verde
5	Verde	Verde	Verde	Amarelo	Amarelo	Amarelo
6	Verde	Verde	Verde	Amarelo	Vermelho	Vermelho
7	Verde	Verde	Verde	Vermelho	Verde	Vermelho
8	Verde	Verde	Verde	Vermelho	Amarelo	Vermelho
9	Verde	Verde	Verde	Vermelho	Vermelho	Vermelho
10	Verde	Verde	Amarelo	Verde	Verde	Verde
11	Verde	Verde	Amarelo	Verde	Amarelo	Amarelo
12	Verde	Verde	Amarelo	Verde	Vermelho	Vermelho
13	Verde	Verde	Amarelo	Amarelo	Verde	Amarelo
14	Verde	Verde	Amarelo	Amarelo	Amarelo	Amarelo
15	Verde	Verde	Amarelo	Amarelo	Vermelho	Vermelho
16	Verde	Verde	Amarelo	Vermelho	Verde	Vermelho
17	Verde	Verde	Amarelo	Vermelho	Amarelo	Vermelho
18	Verde	Verde	Amarelo	Vermelho	Vermelho	Vermelho
19	Verde	Verde	Vermelho	Verde	Verde	Vermelho
20	Verde	Verde	Vermelho	Verde	Amarelo	Vermelho
21	Verde	Verde	Vermelho	Verde	Vermelho	Vermelho
22	Verde	Verde	Vermelho	Amarelo	Verde	Vermelho
23	Verde	Verde	Vermelho	Amarelo	Amarelo	Vermelho
24	Verde	Verde	Vermelho	Amarelo	Vermelho	Vermelho
25	Verde	Verde	Vermelho	Vermelho	Verde	Vermelho
26	Verde	Verde	Vermelho	Vermelho	Amarelo	Vermelho
27	Verde	Verde	Vermelho	Vermelho	Vermelho	Preto

Figura 1.3 – *Cockpit* ampliado de projeto[1]

---

[1] Em função de características gráficas de impressão do livro, os *ratings* verde, amarelo, vermelho e preto foram representados pelas cores branca, dois tons de cinza distintos e preto, a fim de manter consistência entre os *ratings* e a intensidade de coloração.

Indicadores • 37

Cenário	Indicador de Custos (CPI)	Indicador de Prazos (SPI)	Indicador de Satisfação do Patrocinador (ISP)	Indicador de Planej. e Efetiv. Comunic. (IPEC)	Indicador de Gestão de Riscos (IGR)	*Rating* Geral
28	Verde	Amarelo	Verde	Verde	Verde	Verde
29	Verde	Amarelo	Verde	Verde	Amarelo	Amarelo
30	Verde	Amarelo	Verde	Verde	Vermelho	Vermelho
31	Verde	Amarelo	Verde	Amarelo	Verde	Amarelo
32	Verde	Amarelo	Verde	Amarelo	Amarelo	Amarelo
33	Verde	Amarelo	Verde	Amarelo	Vermelho	Vermelho
34	Verde	Amarelo	Verde	Vermelho	Verde	Vermelho
35	Verde	Amarelo	Verde	Vermelho	Amarelo	Vermelho
36	Verde	Amarelo	Verde	Vermelho	Vermelho	Vermelho
37	Verde	Amarelo	Amarelo	Verde	Verde	Amarelo
38	Verde	Amarelo	Amarelo	Verde	Amarelo	Amarelo
39	Verde	Amarelo	Amarelo	Verde	Vermelho	Vermelho
40	Verde	Amarelo	Amarelo	Amarelo	Verde	Amarelo
41	Verde	Amarelo	Amarelo	Amarelo	Amarelo	Amarelo
42	Verde	Amarelo	Amarelo	Amarelo	Vermelho	Vermelho
43	Verde	Amarelo	Amarelo	Vermelho	Verde	Vermelho
44	Verde	Amarelo	Amarelo	Vermelho	Amarelo	Vermelho
45	Verde	Amarelo	Amarelo	Vermelho	Vermelho	Vermelho
46	Verde	Amarelo	Vermelho	Verde	Verde	Vermelho
47	Verde	Amarelo	Vermelho	Verde	Amarelo	Vermelho
48	Verde	Amarelo	Vermelho	Verde	Vermelho	Vermelho
49	Verde	Amarelo	Vermelho	Amarelo	Verde	Vermelho
50	Verde	Amarelo	Vermelho	Amarelo	Amarelo	Vermelho
51	Verde	Amarelo	Vermelho	Amarelo	Vermelho	Vermelho
52	Verde	Amarelo	Vermelho	Vermelho	Verde	Vermelho
53	Verde	Amarelo	Vermelho	Vermelho	Amarelo	Vermelho
54	Verde	Amarelo	Vermelho	Vermelho	Vermelho	Preto
55	Verde	Vermelho	Verde	Verde	Verde	Vermelho
56	Verde	Vermelho	Verde	Verde	Amarelo	Vermelho
57	Verde	Vermelho	Verde	Verde	Vermelho	Vermelho

Figura 1.3 – *Cockpit* ampliado de projeto (*continuação*).

Cenário	Indicador de Custos (CPI)	Indicador de Prazos (SPI)	Indicador de Satisfação do Patrocinador (ISP)	Indicador de Planej. e Efetiv. Comunic. (IPEC)	Indicador de Gestão de Riscos (IGR)	Rating Geral
58	Verde	Vermelho	Verde	Amarelo	Verde	Vermelho
59	Verde	Vermelho	Verde	Amarelo	Amarelo	Vermelho
60	Verde	Vermelho	Verde	Amarelo	Vermelho	Vermelho
61	Verde	Vermelho	Verde	Vermelho	Verde	Vermelho
62	Verde	Vermelho	Verde	Vermelho	Amarelo	Vermelho
63	Verde	Vermelho	Verde	Vermelho	Vermelho	Preto
64	Verde	Vermelho	Amarelo	Verde	Verde	Vermelho
65	Verde	Vermelho	Amarelo	Verde	Amarelo	Vermelho
66	Verde	Vermelho	Amarelo	Verde	Vermelho	Vermelho
67	Verde	Vermelho	Amarelo	Amarelo	Verde	Vermelho
68	Verde	Vermelho	Amarelo	Amarelo	Amarelo	Vermelho
69	Verde	Vermelho	Amarelo	Amarelo	Vermelho	Vermelho
70	Verde	Vermelho	Amarelo	Vermelho	Verde	Vermelho
71	Verde	Vermelho	Amarelo	Vermelho	Amarelo	Vermelho
72	Verde	Vermelho	Amarelo	Vermelho	Vermelho	Preto
73	Verde	Vermelho	Vermelho	Verde	Verde	Vermelho
74	Verde	Vermelho	Vermelho	Verde	Amarelo	Vermelho
75	Verde	Vermelho	Vermelho	Verde	Vermelho	Preto
76	Verde	Vermelho	Vermelho	Amarelo	Verde	Vermelho
77	Verde	Vermelho	Vermelho	Amarelo	Amarelo	Vermelho
78	Verde	Vermelho	Vermelho	Amarelo	Vermelho	Preto
79	Verde	Vermelho	Vermelho	Vermelho	Verde	Preto
80	Verde	Vermelho	Vermelho	Vermelho	Amarelo	Preto
81	Verde	Vermelho	Vermelho	Vermelho	Vermelho	Preto
82	Amarelo	Verde	Verde	Verde	Verde	Verde
83	Amarelo	Verde	Verde	Verde	Amarelo	Amarelo
84	Amarelo	Verde	Verde	Verde	Vermelho	Vermelho
85	Amarelo	Verde	Verde	Amarelo	Verde	Amarelo
86	Amarelo	Verde	Verde	Amarelo	Amarelo	Amarelo
87	Amarelo	Verde	Verde	Amarelo	Vermelho	Vermelho

Figura 1.3 – *Cockpit* ampliado de projeto (*continuação*).

Cenário	Indicador de Custos (CPI)	Indicador de Prazos (SPI)	Indicador de Satisfação do Patrocinador (ISP)	Indicador de Planej. e Efetiv. Comunic. (IPEC)	Indicador de Gestão de Riscos (IGR)	*Rating* Geral
88	Amarelo	Verde	Verde	Vermelho	Verde	Vermelho
89	Amarelo	Verde	Verde	Vermelho	Amarelo	Vermelho
90	Amarelo	Verde	Verde	Vermelho	Vermelho	Vermelho
91	Amarelo	Verde	Amarelo	Verde	Verde	Amarelo
92	Amarelo	Verde	Amarelo	Verde	Amarelo	Amarelo
93	Amarelo	Verde	Amarelo	Verde	Vermelho	Vermelho
94	Amarelo	Verde	Amarelo	Amarelo	Verde	Amarelo
95	Amarelo	Verde	Amarelo	Amarelo	Amarelo	Amarelo
96	Amarelo	Verde	Amarelo	Amarelo	Vermelho	Vermelho
97	Amarelo	Verde	Amarelo	Vermelho	Verde	Vermelho
98	Amarelo	Verde	Amarelo	Vermelho	Amarelo	Vermelho
99	Amarelo	Verde	Amarelo	Vermelho	Vermelho	Vermelho
100	Amarelo	Verde	Vermelho	Verde	Verde	Vermelho
101	Amarelo	Verde	Vermelho	Verde	Amarelo	Vermelho
102	Amarelo	Verde	Vermelho	Verde	Vermelho	Vermelho
103	Amarelo	Verde	Vermelho	Amarelo	Verde	Vermelho
104	Amarelo	Verde	Vermelho	Amarelo	Amarelo	Vermelho
105	Amarelo	Verde	Vermelho	Amarelo	Vermelho	Vermelho
106	Amarelo	Verde	Vermelho	Vermelho	Verde	Vermelho
107	Amarelo	Verde	Vermelho	Vermelho	Amarelo	Vermelho
108	Amarelo	Verde	Vermelho	Vermelho	Vermelho	Preto
109	Amarelo	Amarelo	Verde	Verde	Verde	Amarelo
110	Amarelo	Amarelo	Verde	Verde	Amarelo	Amarelo
111	Amarelo	Amarelo	Verde	Verde	Vermelho	Vermelho
112	Amarelo	Amarelo	Verde	Amarelo	Verde	Amarelo
113	Amarelo	Amarelo	Verde	Amarelo	Amarelo	Amarelo
114	Amarelo	Amarelo	Verde	Amarelo	Vermelho	Vermelho
115	Amarelo	Amarelo	Verde	Vermelho	Verde	Vermelho
116	Amarelo	Amarelo	Verde	Vermelho	Amarelo	Vermelho
117	Amarelo	Amarelo	Verde	Vermelho	Vermelho	Vermelho

Figura 1.3 – *Cockpit* ampliado de projeto (*continuação*).

Cenário	Indicador de Custos (CPI)	Indicador de Prazos (SPI)	Indicador de Satisfação do Patrocinador (ISP)	Indicador de Planej. e Efetiv. Comunic. (IPEC)	Indicador de Gestão de Riscos (IGR)	*Rating* Geral
118	Amarelo	Amarelo	Amarelo	Verde	Verde	Amarelo
119	Amarelo	Amarelo	Amarelo	Verde	Amarelo	Amarelo
120	Amarelo	Amarelo	Amarelo	Verde	Vermelho	Vermelho
121	Amarelo	Amarelo	Amarelo	Amarelo	Verde	Amarelo
122	Amarelo	Amarelo	Amarelo	Amarelo	Amarelo	Amarelo
123	Amarelo	Amarelo	Amarelo	Amarelo	Vermelho	Vermelho
124	Amarelo	Amarelo	Amarelo	Vermelho	Verde	Vermelho
125	Amarelo	Amarelo	Amarelo	Vermelho	Amarelo	Vermelho
126	Amarelo	Amarelo	Amarelo	Vermelho	Vermelho	Vermelho
127	Amarelo	Amarelo	Vermelho	Verde	Verde	Vermelho
128	Amarelo	Amarelo	Vermelho	Verde	Amarelo	Vermelho
129	Amarelo	Amarelo	Vermelho	Verde	Vermelho	Vermelho
130	Amarelo	Amarelo	Vermelho	Amarelo	Verde	Vermelho
131	Amarelo	Amarelo	Vermelho	Amarelo	Amarelo	Vermelho
132	Amarelo	Amarelo	Vermelho	Amarelo	Vermelho	Vermelho
133	Amarelo	Amarelo	Vermelho	Vermelho	Verde	Vermelho
134	Amarelo	Amarelo	Vermelho	Vermelho	Amarelo	Vermelho
135	Amarelo	Amarelo	Vermelho	Vermelho	Vermelho	Preto
136	Amarelo	Vermelho	Verde	Verde	Verde	Vermelho
137	Amarelo	Vermelho	Verde	Verde	Amarelo	Vermelho
138	Amarelo	Vermelho	Verde	Verde	Vermelho	Vermelho
139	Amarelo	Vermelho	Verde	Amarelo	Verde	Vermelho
140	Amarelo	Vermelho	Verde	Amarelo	Amarelo	Vermelho
141	Amarelo	Vermelho	Verde	Amarelo	Vermelho	Vermelho
142	Amarelo	Vermelho	Verde	Vermelho	Verde	Vermelho
143	Amarelo	Vermelho	Verde	Vermelho	Amarelo	Vermelho
144	Amarelo	Vermelho	Verde	Vermelho	Vermelho	Preto
145	Amarelo	Vermelho	Amarelo	Verde	Verde	Vermelho
146	Amarelo	Vermelho	Amarelo	Verde	Amarelo	Vermelho
147	Amarelo	Vermelho	Amarelo	Verde	Vermelho	Vermelho

Figura 1.3 – *Cockpit* ampliado de projeto (*continuação*).

Cenário	Indicador de Custos (CPI)	Indicador de Prazos (SPI)	Indicador de Satisfação do Patrocinador (ISP)	Indicador de Planej. e Efetiv. Comunic. (IPEC)	Indicador de Gestão de Riscos (IGR)	*Rating* Geral
148	Amarelo	Vermelho	Amarelo	Amarelo	Verde	Vermelho
149	Amarelo	Vermelho	Amarelo	Amarelo	Amarelo	Vermelho
150	Amarelo	Vermelho	Amarelo	Amarelo	Vermelho	Vermelho
151	Amarelo	Vermelho	Amarelo	Vermelho	Verde	Vermelho
152	Amarelo	Vermelho	Amarelo	Vermelho	Amarelo	Vermelho
153	Amarelo	Vermelho	Amarelo	Vermelho	Vermelho	Preto
154	Amarelo	Vermelho	Vermelho	Verde	Verde	Vermelho
155	Amarelo	Vermelho	Vermelho	Verde	Amarelo	Vermelho
156	Amarelo	Vermelho	Vermelho	Verde	Vermelho	Preto
157	Amarelo	Vermelho	Vermelho	Amarelo	Verde	Vermelho
158	Amarelo	Vermelho	Vermelho	Amarelo	Amarelo	Vermelho
159	Amarelo	Vermelho	Vermelho	Amarelo	Vermelho	Preto
160	Amarelo	Vermelho	Vermelho	Vermelho	Verde	Preto
161	Amarelo	Vermelho	Vermelho	Vermelho	Amarelo	Preto
162	Amarelo	Vermelho	Vermelho	Vermelho	Vermelho	Preto
163	Vermelho	Verde	Verde	Verde	Verde	Vermelho
164	Vermelho	Verde	Verde	Verde	Amarelo	Vermelho
165	Vermelho	Verde	Verde	Verde	Vermelho	Vermelho
166	Vermelho	Verde	Verde	Amarelo	Verde	Vermelho
167	Vermelho	Verde	Verde	Amarelo	Amarelo	Vermelho
168	Vermelho	Verde	Verde	Amarelo	Vermelho	Vermelho
169	Vermelho	Verde	Verde	Vermelho	Verde	Vermelho
170	Vermelho	Verde	Verde	Vermelho	Amarelo	Vermelho
171	Vermelho	Verde	Verde	Vermelho	Vermelho	Preto
172	Vermelho	Verde	Amarelo	Verde	Verde	Vermelho
173	Vermelho	Verde	Amarelo	Verde	Amarelo	Vermelho
174	Vermelho	Verde	Amarelo	Verde	Vermelho	Vermelho
175	Vermelho	Verde	Amarelo	Amarelo	Verde	Vermelho
176	Vermelho	Verde	Amarelo	Amarelo	Amarelo	Vermelho
177	Vermelho	Verde	Amarelo	Amarelo	Vermelho	Vermelho

Figura 1.3 – *Cockpit* ampliado de projeto (*continuação*).

Cenário	Indicador de Custos (CPI)	Indicador de Prazos (SPI)	Indicador de Satisfação do Patrocinador (ISP)	Indicador de Planej. e Efetiv. Comunic. (IPEC)	Indicador de Gestão de Riscos (IGR)	*Rating* Geral
178	Vermelho	Verde	Amarelo	Vermelho	Verde	Vermelho
179	Vermelho	Verde	Amarelo	Vermelho	Amarelo	Vermelho
180	Vermelho	Verde	Amarelo	Vermelho	Vermelho	Preto
181	Vermelho	Verde	Vermelho	Verde	Verde	Vermelho
182	Vermelho	Verde	Vermelho	Verde	Amarelo	Vermelho
183	Vermelho	Verde	Vermelho	Verde	Vermelho	Preto
184	Vermelho	Verde	Vermelho	Amarelo	Verde	Vermelho
185	Vermelho	Verde	Vermelho	Amarelo	Amarelo	Vermelho
186	Vermelho	Verde	Vermelho	Amarelo	Vermelho	Preto
187	Vermelho	Verde	Vermelho	Vermelho	Verde	Preto
188	Vermelho	Verde	Vermelho	Vermelho	Amarelo	Preto
189	Vermelho	Verde	Vermelho	Vermelho	Vermelho	Preto
190	Vermelho	Amarelo	Verde	Verde	Verde	Vermelho
191	Vermelho	Amarelo	Verde	Verde	Amarelo	Vermelho
192	Vermelho	Amarelo	Verde	Verde	Vermelho	Vermelho
193	Vermelho	Amarelo	Verde	Amarelo	Verde	Vermelho
194	Vermelho	Amarelo	Verde	Amarelo	Amarelo	Vermelho
195	Vermelho	Amarelo	Verde	Amarelo	Vermelho	Vermelho
196	Vermelho	Amarelo	Verde	Vermelho	Verde	Vermelho
197	Vermelho	Amarelo	Verde	Vermelho	Amarelo	Vermelho
198	Vermelho	Amarelo	Verde	Vermelho	Vermelho	Preto
199	Vermelho	Amarelo	Amarelo	Verde	Verde	Vermelho
200	Vermelho	Amarelo	Amarelo	Verde	Amarelo	Vermelho
201	Vermelho	Amarelo	Amarelo	Verde	Vermelho	Vermelho
202	Vermelho	Amarelo	Amarelo	Amarelo	Verde	Vermelho
203	Vermelho	Amarelo	Amarelo	Amarelo	Amarelo	Vermelho
204	Vermelho	Amarelo	Amarelo	Amarelo	Vermelho	Vermelho
205	Vermelho	Amarelo	Amarelo	Vermelho	Verde	Vermelho
206	Vermelho	Amarelo	Amarelo	Vermelho	Amarelo	Vermelho
207	Vermelho	Amarelo	Amarelo	Vermelho	Vermelho	Preto

Figura 1.3 – *Cockpit* ampliado de projeto (*continuação*).

Cenário	Indicador de Custos (CPI)	Indicador de Prazos (SPI)	Indicador de Satisfação do Patrocinador (ISP)	Indicador de Planej. e Efetiv. Comunic. (IPEC)	Indicador de Gestão de Riscos (IGR)	*Rating* Geral
208	Vermelho	Amarelo	Vermelho	Verde	Verde	Vermelho
209	Vermelho	Amarelo	Vermelho	Verde	Amarelo	Vermelho
210	Vermelho	Amarelo	Vermelho	Verde	Vermelho	Preto
211	Vermelho	Amarelo	Vermelho	Amarelo	Verde	Vermelho
212	Vermelho	Amarelo	Vermelho	Amarelo	Amarelo	Vermelho
213	Vermelho	Amarelo	Vermelho	Amarelo	Vermelho	Preto
214	Vermelho	Amarelo	Vermelho	Vermelho	Verde	Preto
215	Vermelho	Amarelo	Vermelho	Vermelho	Amarelo	Preto
216	Vermelho	Amarelo	Vermelho	Vermelho	Vermelho	Preto
217	Vermelho	Vermelho	Verde	Verde	Verde	Vermelho
218	Vermelho	Vermelho	Verde	Verde	Amarelo	Vermelho
219	Vermelho	Vermelho	Verde	Verde	Vermelho	Preto
220	Vermelho	Vermelho	Verde	Amarelo	Verde	Vermelho
221	Vermelho	Vermelho	Verde	Amarelo	Amarelo	Vermelho
222	Vermelho	Vermelho	Verde	Amarelo	Vermelho	Preto
223	Vermelho	Vermelho	Verde	Vermelho	Verde	Preto
224	Vermelho	Vermelho	Verde	Vermelho	Amarelo	Preto
225	Vermelho	Vermelho	Verde	Vermelho	Vermelho	Preto
226	Vermelho	Vermelho	Amarelo	Verde	Verde	Vermelho
227	Vermelho	Vermelho	Amarelo	Verde	Amarelo	Vermelho
228	Vermelho	Vermelho	Amarelo	Verde	Vermelho	Preto
229	Vermelho	Vermelho	Amarelo	Amarelo	Verde	Vermelho
230	Vermelho	Vermelho	Amarelo	Amarelo	Amarelo	Vermelho
231	Vermelho	Vermelho	Amarelo	Amarelo	Vermelho	Preto
232	Vermelho	Vermelho	Amarelo	Vermelho	Verde	Preto
233	Vermelho	Vermelho	Amarelo	Vermelho	Amarelo	Preto
234	Vermelho	Vermelho	Amarelo	Vermelho	Vermelho	Preto
235	Vermelho	Vermelho	Vermelho	Verde	Verde	Preto
236	Vermelho	Vermelho	Vermelho	Verde	Amarelo	Preto
237	Vermelho	Vermelho	Vermelho	Verde	Vermelho	Preto

Figura 1.3 – *Cockpit* ampliado de projeto (*continuação*).

Cenário	Indicador de Custos (CPI)	Indicador de Prazos (SPI)	Indicador de Satisfação do Patrocinador (ISP)	Indicador de Planej. e Efetiv. Comunic. (IPEC)	Indicador de Gestão de Riscos (IGR)	*Rating* Geral
238	Vermelho	Vermelho	Vermelho	Amarelo	Verde	Preto
239	Vermelho	Vermelho	Vermelho	Amarelo	Amarelo	Preto
240	Vermelho	Vermelho	Vermelho	Amarelo	Vermelho	Preto
241	Vermelho	Vermelho	Vermelho	Vermelho	Verde	Preto
242	Vermelho	Vermelho	Vermelho	Vermelho	Amarelo	Preto
243	Vermelho	Vermelho	Vermelho	Vermelho	Vermelho	Preto

Figura 1.3 – *Cockpit* ampliado de projeto (*continuação*).

2
Indicador de Satisfação do Patrocinador (ISP)

2.1 Conceito

O Indicador de Satisfação do Patrocinador (ISP) é aquele que mede a percepção do patrocinador do projeto ou do profissional responsável pelo aceite quanto à qualidade do trabalho que está sendo desenvolvido (para projetos em andamento) ou que foi realizado, no caso de trabalhos já concluídos. Esse é o típico indicador criado internamente na organização, seja pelo PMO (*Project Management Office*) ou pelo próprio Gerente de Projetos, uma vez que não há padrões usuais de mercado. Ademais, as pesquisas de satisfação de patrocinadores podem conter algumas especificidades de uma organização que não se aplica a outra.[1 e 2]

A criação e utilização do Indicador de Satisfação do Patrocinador (ISP) é composta por seis etapas distintas: a primeira etapa é relacionada à elaboração do questionário, quando se define o que se quer medir e

---

[1] Em geral, o profissional responsável pelo aceite de um projeto é o *sponsor* (patrocinador) ou o líder da principal área responsável pelo projeto. Quando se fala em satisfação do patrocinador, entende-se como aquele profissional responsável pelo sucesso do projeto ou a quem designar. Em projetos executados por empresas de prestação de serviços em seus clientes, há em geral, um Gerente de Projetos de cada parte (prestadora de serviços e cliente). Neste caso, o Indicador de Satisfação de Patrocinador pode ser realizado com base na percepção do Gerente de Projetos da empresa cliente, em função da proximidade com o dia a dia na execução do projeto.

[2] Pode-se pensar na utilização de um índice que meça a satisfação do usuário, porém, destaca-se que muitas vezes o usuário final só tem contato direto com o produto gerado pelo projeto quando o mesmo se aproxima de suas fases finais. Por isso, caso se pretenda utilizar um índice de satisfação de usuário final, que isto seja tratado como um indicador complementar ao do patrocinador. Os critérios de criação deste indicador estão contemplados no Capítulo 7 – Criando seu próprio Indicador de Monitoração de Projetos.

como se realizará a medição. A segunda etapa é relacionada à criação de escalas quantitativas, definição de pesos, estabelecimentos de grupos de questões e definições de *target* (metas). A terceira etapa é relativa à realização da pesquisa no modo presencial ou não, quando ocorre a coleta dos dados. A Etapa 4 destina-se à realização do cálculo do Indicador de Satisfação do Patrocinador (ISP), com base nas respostas do patrocinador e nos pesos definidos. A Etapa 5 constitui-se na elaboração dos indicadores dos grupos de perguntas, que *grosso modo* seriam os subindicadores do ISP. Nessa etapa é possível identificar os principais ofensores do resultado geral do indicador. A Etapa 6 é a mais complexa, pois visa analisar os resultados do ISP e das médias dos grupos, de modo estático (última pesquisa) e de modo evolutivo (histórico das pesquisas anteriores realizadas), possibilitando, assim, identificar aspectos do projeto que exigem uma avaliação dos potenciais problemas existentes, e da avaliação das causas-raiz dos mesmos. É com base nessa análise de causa-raiz que se elabora o Plano de Ação para endereçar tais causas.

2.2 Etapa 1 – Elaboração do questionário

2.2.1 Identificar as áreas a serem pesquisadas

O primeiro passo é identificar as áreas que evidenciem o nível de satisfação do patrocinador e que meçam a qualidade do projeto. Exemplos: gerenciamento do escopo, qualidade dos *deliveries*, frequência na realização e documentação das reuniões de progresso do projeto, metodologia utilizada, capacitação profissional da equipe para realização do trabalho, entre outros.

2.2.2 Criar uma escala de avaliação

Deve ser criada uma escala de avaliação que possa ser facilmente entendida pelo pesquisado, que seja algo simples e de fácil preenchimento. É importante que a escala seja, posteriormente, transformada em números, para que se possa "dimensionar quantitativamente" a satisfação do patrocinador para cada item pesquisado. Um exemplo de escala seria: excelente, bom, regular e fraco. Outro exemplo: muito satisfeito, satisfeito, insatisfeito e muito insatisfeito.[3]

---

[3] Em geral, não se coloca a opção intermediária nessa escala ("indiferente" ou "nem satisfeito/nem insatisfeito"), pois não exige um posicionamento do pesquisado, facilitando uma possível omissão de resposta.

Há também outras opções, como atribuir notas de 1 (um) a 10 (dez). Esse sistema de avaliação é fácil e prático, pois todas as pessoas têm em sua mente o sistema decimal, pois já foram estudantes e, em geral, as instituições de ensino utilizam esses parâmetros, entretanto, uma escala muito granulada pode trazer diferentes interpretações entre respondentes e para o próprio respondente (exemplo: qual a diferença entre uma nota 6 e uma nota 7? Nesse contexto, há muito de subjetividade). Outro aspecto importante, para facilitar a utilização do questionário de pesquisa e também direcionar o raciocínio do respondente, é o uso de uma única escala em todas as questões, possibilitando que o respondente mantenha a mesma atribuição de valores para os vários objetos pesquisados.

Cada pergunta do questionário pode ser associada a um tema que se pretende avaliar, por exemplo: entregas, comunicação, equipe etc., pois possibilita a criação de indicadores de grupos específicos (subindicadores do ISP), além, é claro, do indicador geral. Isso é interessante, pois se permite identificar quais são grupos ofensores da satisfação do patrocinador.

2.2.3 Elaborar questões autoexplicativas

O questionário de pesquisa deve ser autoexplicativo, pois se sabe que poucas pessoas leem as instruções que são apresentadas, que por vezes se mostram confusas ou redundantes. É aconselhável que exista um pequeno parágrafo no início do questionário explicando o objetivo do questionário, a confidencialidade do mesmo e que conste um agradecimento ao respondente.

2.2.4 Limitar o número de perguntas

O questionário de pesquisa não deve ser extenso, pois pode se tornar cansativo ao respondente. As questões devem ser claras, sem redundâncias, devem ser concisas e ter em média algo em torno de 10 a 15 perguntas. Toda questão deve ter como última opção o tradicional "não se aplica", pois podem existir questões que não sejam aplicáveis a determinada fase de um dado projeto. Outro ponto importante, é que em cada pergunta haja um espaço livre destinado a comentários do respondente, isso porque algumas pessoas gostam de justificar suas respostas, ou mesmo enriquecer a avaliação de um dado item apresentando sugestões e recomendações.

2.2.5 Apresentar o questionário com boa qualidade visual

O questionário deve ser bem apresentado, sem erros de português, e sobretudo, que estimule o respondente a utilizá-lo como ferramenta de *feedback* do projeto (evolução ou conclusão). As perguntas devem ser numeradas, pois facilita a identificação para posterior discussão com o respondente, e também o registro dos dados coletados.

2.2.6 Submeter o questionário ao processo de melhoria contínua

Evidentemente que mudanças podem ser introduzidas no questionário, pois se devem implementar melhorias decorrentes da observação em campo. De qualquer modo, recomenda-se que seja mantido o mesmo questionário para um projeto já submetido a um processo de avaliação da satisfação do patrocinador. Assim, sempre que possível, deixe para utilizar a versão melhorada em um próximo projeto, exceto, se houver algo que deva ser implementado imediatamente.

2.2.7 Exemplo

Um exemplo de questionário é apresentado na Figura 2.1, com onze afirmações, para as quais o respondente deverá assinalar seu nível de concordância.

2.3 Etapa 2 – Definição de pontuação, ponderação, grupos de questões e parâmetros

Com o questionário elaborado, deve-se definir o processo de pontuação para a escala que foi utilizada nas respostas. É aqui que se define como os "conceitos" virarão "números", isso representa que somente após a transformação é que se conseguirá medir, comparar e avaliar se houve melhoria ou degradação para os itens avaliados. Por exemplo, se a escala escolhida foi "excelente, bom, regular e fraco", poder-se-ia atribuir como pontuação, respectivamente: 10, 7,5, 5 e 2,5. Idem para a escala "muito satisfeito, satisfeito, insatisfeito, muito insatisfeito", conforme Figura 2.2, com destaque para a coluna "Escala".

AVALIAÇÃO DO PROJETO

Projeto ....
Data ....
Entrevistador ....
Respondente ....

Esta pesquisa visa identificar o nível de satisfação do patrocinador do projeto em várias dimensões, possibilitando à organização avaliar e implementar melhorias neste e em outros projetos.

As perguntas são autoexplicativas. Para as respostas, utilize a escala apresentada à direita que mais seja aderente à sua opinião/percepção. As respostas serão mantidas com a devida confidencialidade e ficarão restritas à organização.

Registre seus comentários, caso julgue necessário. Agradecemos por sua participação.

---

1 – De forma geral, minha avaliação para o gerenciamento do projeto é: Excelente Boa Regular Ruim Não se aplica
Comentários: _____

2 – Avalio o gerenciamento do escopo do projeto (entregáveis do projeto) como sendo: Excelente Bom Regular Ruim Não se aplica
Comentários: _____

3 – Quanto ao cumprimento dos prazos, minha avaliação para o gerenciamento é: Excelente Boa Regular Ruim Não se aplica
Comentários: _____

4 – A metodologia utilizada no projeto pode ser considerada: Excelente Boa Regular Ruim Não se aplica
Comentários: _____

5 – O nível de capacitação da equipe do projeto pode ser avaliado como: Excelente Bom Regular Ruim Não se aplica
Comentários: _____

6 – As reuniões de progresso ocorrem/ocorreram na frequência determinada no planejamento: Excelente Bom Regular Ruim Não se aplica
Comentários: _____

7 – A documentação das reuniões de progresso são condizentes com seu conteúdo e distribuída em tempo considerado adequado, por meio de atas ou similares: Excelente Boa Regular Ruim Não se aplica
Comentários: _____

8 – Minha avaliação quanto à aderência das entregas geradas no projeto quanto aos requisitos/especificações é: Excelente Boa Regular Ruim Não se aplica
Comentários: _____

9 – De modo geral, a comunicação do projeto (mudanças, cronograma, eventos, premiação etc.) pode ser considerada: Excelente Boa Regular Ruim Não se aplica
Comentários: _____

10 – Avalio o desempenho do Gerente de Projetos como sendo: Excelente Bom Regular Ruim Não se aplica
Comentários: _____

11 – A qualidade geral do projeto pode ser considerada: Excelente Boa Regular Ruim Não se aplica
Comentários: _____

Figura 2.1 – Questionário para apuração do ISP.

Caso a escolha tenha sido pela utilização de uma escala numérica de 1 a 10, ou então de 1 a 5, esse processo de atribuir pontuação à escala, não existe, pois a própria escala é a pontuação.

Em seguida, deve-se definir o grupo ou grupos para cada questão a fim de identificar "o que estou medindo" e qual é o peso de cada questão. É comum que uma mesma questão aborde várias disciplinas de um projeto, porém, recomenda-se associar cada questão a somente um ou, no máximo, dois aspectos. Quanto aos pesos, pode-se atribuir peso "1" para todas as questões, no entanto, pode-se considerar que há questões mais importantes que outras. No exemplo apresentado a seguir, a questão 11 (qualidade geral do projeto) absorve várias outras questões, por isso, poderia receber um peso maior. Por outro lado, as questões 6, 7 e 9 abordam o gerenciamento da comunicação e a questão 3, o gerenciamento do tempo; assim, se for atribuído o mesmo peso para essas quatro questões, então, isso representa que o gerenciamento da comunicação terá impacto três vezes maior que o gerenciamento do tempo na avaliação geral. Cada grupo de questões possibilitará a extração de um subindicador do ISP.

Somente para efeito didático, serão utilizados peso 3 para as questões 1, 10 e 11 (gerenciamento do projeto, gerente do projeto e qualidade geral); peso 2 para as demais questões, conforme a Figura 2.2 (coluna "peso").

Questão	ESCALA				PESO	GRUPO(S)
1 – De forma geral, minha avaliação para o gerenciamento do projeto é:	10	7,5	5	2,5	3	GER. GERAL
2 – Avalio o gerenciamento do escopo do projeto (entregáveis do projeto) como sendo:	10	7,5	5	2,5	2	GER. ESCOPO
3 – Quanto ao cumprimento dos prazos, minha avaliação para o gerenciamento é:	10	7,5	5	2,5	2	GER. TEMPO
4 – A metodologia utilizada no projeto pode ser considerada:	10	7,5	5	2,5	2	METODOLOGIA
5 – O nível de capacitação da equipe do projeto pode ser avaliada como:	10	7,5	5	2,5	2	EQUIPE
6 – As reuniões de progresso ocorrem/ocorreram na frequência determinada no planejamento:	10	7,5	5	2,5	2	GER. COMUNICAÇÃO
7 – A documentação das reuniões de progresso são condizentes com seu conteúdo e distribuída em tempo considerado adequado, por meio de atas ou similares:	10	7,5	5	2,5	2	GER. COMUNICAÇÃO
8 – Minha avaliação quanto à aderência das entregas geradas no projeto quanto aos requisitos/especificações é:	10	7,5	5	2,5	2	GER. ESCOPO E QUALIDADE
9 – De modo geral, a comunicação do projeto (mudanças, cronograma, eventos, premiação etc.) pode ser considerada:	10	7,5	5	2,5	2	GER. COMUNICAÇÃO
10 – Avalio o desempenho do Gerente de Projetos como sendo:	10	7,5	5	2,5	3	GER. GERAL E EQUIPE
11 – A qualidade geral do projeto pode ser considerada:	10	7,5	5	2,5	3	GER. GERAL E QUALIDADE

Figura 2.2 – Questionário com escala, pesos e grupo(s) associado(s) às questões.

Nota: cabe ao PMO (*Project Management Office*) ou Gerente de Projetos determinar o *target* (objetivo) para o Indicador de Satisfação do Patrocinador (ISP), para a organização ou para um projeto específico.

2.4 Etapa 3 – Realização da pesquisa

2.4.1 Selecionar abordagem (presencial ou a distância)

A aplicação do questionário é o momento em que se obtém a opinião do respondente, podendo ser realizada de modo presencial ou não. Pelo modo presencial, cabe ao Gerente de Projetos ou profissional designado pelo PMO, realizar uma entrevista com o patrocinador (ou quem designar), utilizando como base um questionário predefinido. O modo presencial possibilita o *face-to-face* com o respondente, quando ele tem oportunidade de expressar sua opinião de forma clara e justificada. Recomenda-se que o questionário seja previamente enviado ao respondente, pois assim, ele fará alguns *insights* prévios e terá a possibilidade de refletir sobre alguns itens relevantes. Outra vantagem nessa modalidade de aplicação da pesquisa é que, quando o pesquisado opta pela resposta "não se aplica", o entrevistador pode avaliar se a resposta é adequada ou não, podendo solicitar algum esclarecimento, forçando um posicionamento do respondente para o item específico. A única eventual restrição da realização da pesquisa de modo presencial é a inibição que o respondente pode sentir ao avaliar o desempenho do Gerente de Projetos, caso a entrevista esteja sendo conduzida por este profissional.

Outra possibilidade é realizar a entrevista por telefone, que para alguns pode ser encarado como algo impessoal e pouco valorizado pela gerência de projetos. Há também duas outras possibilidades: entregar o questionário ao respondente para posterior retirada ou encaminhar um questionário eletrônico por e-mail. Vale ressaltar que se for um questionário eletrônico, o mesmo deve ter alguns cuidados especiais quanto à qualidade, como: que o questionário possibilite a escolha de alternativas sem causar problemas de formatação, que a fonte (tipo, tamanho, cor, alinhamento) tenha sido previamente selecionada etc.

2.4.2 Definir a frequência de realização da pesquisa

As pesquisas de satisfação devem ser realizadas periodicamente e com frequência preestabelecida. É comum verificar a realização de pesquisa de satisfação somente ao final do projeto. Evidentemente que isso é importante, pois registra a opinião do patrocinador de modo formal; contudo, trata-se de uma fotografia estática que não permite mais mudanças, pois o projeto já foi concluído. Assim, no caso de também se obter *feedbacks* no transcorrer do projeto, há a possibilidade de reflexão/análise do Gerente do Projeto e/ou PMO quanto às respostas dadas aos itens avaliados, permitindo identificar melhorias para o projeto em curso.

Por isso, recomenda-se que seja definida uma periodicidade para a realização da pesquisa de satisfação no transcorrer do projeto. É comum no mercado se utilizar a pesquisa de forma trimestral, no entanto, nada impede que isso seja realizado com maior frequência, por exemplo, mensal, para projetos com curta duração.

Preferencialmente e sempre que possível, realize a pesquisa com o mesmo interlocutor, uma vez que se trata de uma avaliação, que tem muita subjetividade e é um julgamento de valor pessoal.

2.5 Etapa 4 – Cálculo do indicador geral de satisfação

O indicador geral é calculado com base na média ponderada dos itens avaliados. A média ponderada é calculada com base nos produtos de pesos definidos e conceitos atribuídos pelo respondente, que já foram devidamente transformados na escala numérica preestabelecida. As questões com resposta "não se aplica" devem ser eliminadas do cálculo do indicador para evitar distorções.

No exemplo apresentado a seguir, utilizando-se as avaliações e pesos contidos na Figura 2.3, obtêm-se 6,5 como valor do indicador, que decorre do somatório de (7,5 * 3) + (5 * 2) + (7,5 * 2) + ... + (7,5 * 3) + (7,5 * 3), dividido pelo somatório dos pesos que é 25.

Este indicador (6,5) indica pela escala utilizada no exemplo que o projeto está situado entre regular (5,0) e bom (7,5), porém, torna-se importante entender os itens que levaram a média para baixo e quais itens melhoraram a média, pois certamente, com base nessa análise poderão ser identificados aspectos que exigem ações corretivas para o projeto.

	AVALIAÇÃO	PESO
	10 7,5 5 2,5	
1 – De uma forma geral, minha avaliação para o gerenciamento do projeto é:	☐ ☒ ☐ ☐	3
2 – Avalio o gerenciamento do escopo do projeto (entregáveis do projeto) como sendo:	☐ ☐ ☒ ☐	2
3 – Quanto ao cumprimento dos prazos, minha avaliação para o gerenciamento é:	☐ ☒ ☐ ☐	2
4 – A metodologia utilizada no projeto pode ser considerada:	☐ ☒ ☐ ☐	2
5 – O nível de capacitação da equipe do projeto pode ser avaliada como:	☒ ☐ ☐ ☐	2
6 – As reuniões de progresso ocorrem/ocorreram na frequência determinada no planejamento:	☐ ☐ ☐ ☒	2
7 – A documentação das reuniões de progresso são condizentes com seu conteúdo e distribuída em tempo considerado adequado, por meio de atas ou similares:	☐ ☐ ☐ ☒	2
8 – Minha avaliação quanto à aderência das entregas geradas no projeto quanto aos requisitos/especificações é:	☐ ☒ ☐ ☐	2
9 – De modo geral, a comunicação do projeto (mudanças, cronograma, eventos premiação, etc.) pode ser considerada:	☐ ☐ ☒ ☐	2
10 – Avalio o desempenho do Gerente de Projetos como:	☐ ☒ ☐ ☐	3
11 – A qualidade geral do projeto pode ser considerada:	☐ ☒ ☐ ☐	3

Figura 2.3 - Exemplo de questionário preenchido com a devida pontuação e pesos.

2.6 Etapa 5 – Cálculo dos indicadores dos grupos e análise de ofensores

É nesta etapa que se calcula a média ponderada para cada um dos grupos de questões existentes, que podem ser chamados de subindicadores do ISP. No exemplo estudado, foram criados sete grupos: Gerenciamento Geral, Gerenciamento do Escopo, Gerenciamento do Tempo, Metodologia, Qualidade, Equipe e Gerenciamento da Comunicação.

Calculando-se a média ponderada para cada um dos subindicadores e ordenando-os em ordem crescente pela média obtida, têm-se os resultados apresentados na Figura 2.4, na qual se mostram as questões que compõem cada grupo e a média obtida.

GRUPO	QUESTÕES	AVALIAÇÃO
GER. COMUNICAÇÃO	6, 7 e 9	3,3
GER. ESCOPO	2 e 8	6,3
QUALIDADE	8 e 11	7,5
GER. TEMPO	3	7,5
GER. GERAL	1, 10 e 11	7,5
METODOLOGIA	4	7,5
EQUIPE	5 e 10	8,5
ISP		6,5

Figura 2.4 – Detalhamento dos grupos de questões.

A avaliação indica claramente um problema nos processos de comunicação do projeto, pois a média 3,3 é o maior ofensor do Indicador de Satisfação do Patrocinador (ISP). Essa média é um sinalizador de que algo precisa ser mudado no projeto, pois é evidente a insatisfação do pesquisado. Outro item que exige atenção é o Gerenciamento do Escopo, pois a média do subindicador foi 6,3.

2.7 Etapa 6 – Análise da evolução do indicador geral vs. *target*

Com base ainda na Figura 2.4, poder-se-ia imaginar que os grupos Qualidade, Gerenciamento do Tempo, Gerenciamento Geral, Metodologia e Equipe estão com bons resultados (entre 7,5 e 8,5); entretanto, essa conclusão depende de algo chamado "*target*", que em português seria alvo, meta. Assim, se a meta estabelecida fosse 7,5 ou algum valor inferior a esse patamar, a conclusão citada seria correta. Contudo, se o *target* definido fosse 8,0 (interpretação: pretende-se algo acima de "bom"), somente o grupo Equipe teria alcançado o objetivo, pois sua média é 8,5.

Quem define o *target* é o PMO (*Project Management Office*) da organização, que pode ser geral ou específico para um determinado projeto. Por exemplo, se um cliente novo foi conquistado após anos de atividades de pré-vendas buscando credenciamento da organização, homologação das soluções etc., pode-se ter como *target* para o primeiro projeto nesse cliente algo mais agressivo (por exemplo, 10% superior ao *target* da organização, que representaria a meta de 8,8), objetivando um fortalecimento da prestação do serviço para que a organização se torne um fornecedor preferencial.

A realização de pesquisas periódicas é essencial para a monitoração do indicador de satisfação geral (ISP) e das médias dos grupos (subindicadores), evidenciando-se, assim, pontos de melhorias realizadas e a realizar.

Analisando-se a Figura 2.5, por meio da qual simulou-se a realização de outras duas pesquisas no mesmo projeto em momentos distintos, nota-se uma evolução positiva do Indicador de Satisfação do Patrocinador (ISP) em cada pesquisa realizada (estava em 6,5 na Pesquisa 1, cresceu para 7,7 na Pesquisa 2 e atingiu o índice de 8,2 na Pesquisa 3). As médias dos grupos também obtiveram sensível melhora, exceto no item Gerenciamento do Tempo que passou de 10,0 na Pesquisa 2 para 5,0 na pesquisa seguinte. Nesse caso, seria oportuno avaliar o porquê dessa queda no subindicador Gerenciamento do Tempo, quais as causas-raiz para essa degradação, para que se possa estabelecer as ações a fim de endereçar tais itens. (Exemplo de perguntas para se apurar as causas-raiz, neste caso: Houve atraso na entrega de algum *delivery*? A estimativa de prazo de entrega estava incorreta? Houve algum retrabalho? Por quê?)

GRUPO	QUESTÕES	PESQUISA 1	PESQUISA 2	PESQUISA 3
GER. COMUNICAÇÃO	6, 7 e 9	3,3	6,7	8,3
GER. ESCOPO	2 e 8	6,3	7,5	8,8
QUALIDADE	8 e 11	7,5	7,5	8,5
GER. TEMPO	3	7,5	10,0	5,0
GER. GERAL	1, 10 e 11	7,5	7,5	8,3
METODOLOGIA	4	7,5	7,5	10,0
EQUIPE	5 e 10	8,5	8,5	9,0
ISP		6,5	7,7	8,2

Figura 2.5 – Tabela dos resultados de três pesquisas consecutivas para o mesmo projeto.

Ressalta-se que os indicadores históricos são importantes, pois evidenciam o progresso no nível de satisfação, todavia, o último é o mais relevante, pois demonstra a "situação atual" do projeto, a última fotografia, que é condizente com a realidade.

Para a divulgação dos resultados, a utilização de gráficos e cores são muito apropriados, pois trazem um conteúdo de comunicação implícito e explícito acerca do nível de satisfação. Pela Figura 2.6 pode-se observar a evolução do indicador e a superação do *target* (linha pontilhada).

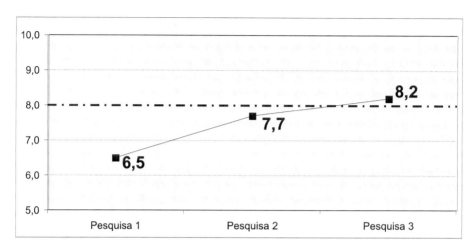

Figura 2.6 – Gráfico do ISP com as três pesquisas simuladas para o projeto.

Uma outra forma de apresentação do indicador é por meio de cores (*ratings*). Nesse caso, poder-se-ia trabalhar com *target* de mínimo aceitável. Por exemplo, 7,0. Assim, quando o indicador estivesse abaixo do *target* mínimo, o indicador estaria com a cor vermelha; com o indicador entre o *target* mínimo (7,0) e o *target* desejado (8,0), estaria em amarelo; e finalmente, quando o indicador estivesse acima do *target* desejado (8,0), estaria na condição de indicador verde.

No caso apresentado a seguir, Figura 2.7, na Pesquisa 1, o indicador estaria vermelho (6,5 está abaixo do limite mínimo que é 7,0). Na Pesquisa 2, estaria amarelo (7,7 está entre o *target* mínimo estabelecido e o *target* desejado), e na Pesquisa 3 estaria em verde, pois 8,2 está acima do *target* desejado (8,0).

Outras representações gráficas podem ser efetuadas comparando-se as médias dos grupos (subindicadores) com o *target* geral, possibilitando identificar "o quão longe" o grupo está do *target* ou "o quão supera o *target*" (a Figura 2.8 mostra os resultados específicos da Pesquisa 2). Nota-se que os grupos Gerenciamento do Tempo e Equipe superam o *target*, porém, os demais itens estão abaixo, com ênfase para Gerenciamento da Comunicação com 6,7.

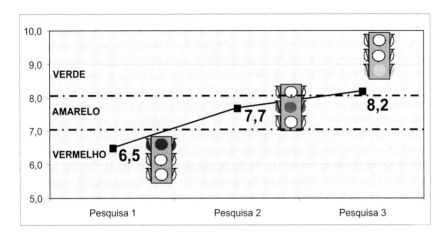

Figura 2.7 – ISP com *target* mínimo, *target* desejado e *ratings* qualificados por cor. [4]

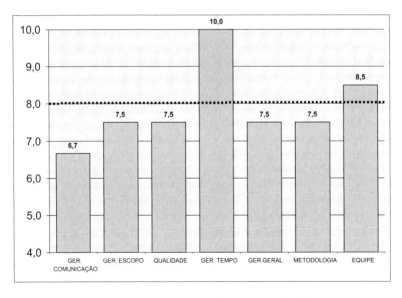

Figura 2.8 – Comparativo do resultado dos subindicadores do ISP com o *target* geral.

---

[4] Em função de características gráficas de impressão do livro, os *ratings* verde, amarelo e vermelho foram representados em tons de cinza distintos, a fim de manter consistência entre os *ratings* e a intensidade de coloração.

Finalmente, visualizar a evolução das médias dos grupos (Figura 2.9) pode evidenciar pontos que estão aquém do *target* e que exigem a análise de causa-raiz.

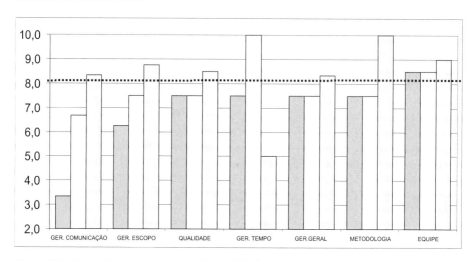

Figura 2.9 – Evolução dos resultados dos subindicadores do ISP.

É relativamente comum haver uma degradação da satisfação do patrocinador quando se aproxima da conclusão de um projeto, pois é quando algumas questões mal resolvidas que foram adiadas (por exemplo, sobre escopo) vêm à tona. Adicionalmente, o momento do aceite final do projeto pelo patrocinador é marcado por condições de conflitos e posturas defensivas de ambas as partes, pois "dar o aceite" representa que o projeto está concluído (a equipe será alocada em outros projetos e não mais ficará disponível para o referido projeto); por outro lado, "adiar" a finalização do projeto por solicitação do patrocinador, representa aumento no tempo e, consequentemente, nos custos. Por isso é recomendado que a partir da segunda metade do projeto, haja um processo de aculturamento e preparação do patrocinador para a ruptura que ocorrerá quando da finalização do projeto, e isso é mais uma das responsabilidades do Gerente de Projeto.

É ainda na Etapa 6 que as análises de resultados evidenciam a existência de problemas não-solucionados, que, em geral, se explicitam por meio de insatisfação ou em baixos níveis de satisfação do patrocinador. A análise de causa-raiz dos problemas é fundamental para a elaboração do plano de ação para endereçar as questões que vêm impactando o ISP. O Diagrama de Ishikawa, também chamado de Diagrama de Causa-Efeito ou Espinha de Peixe, pode ser uma boa ferramenta para a identificação das causas-raiz.[5 e 6]

2.8 Subproduto para o PMO: conjunto de subindicadores do ISP

O PMO (*Project Management Office*) pode ter uma visão mais ampla, uma visão única que representa o somatório de projetos. Assim, coletando e consolidando os dados dos projetos, poder-se-á obter um conjunto de indicadores específicos para cada um dos sete grupos ou subindicadores: Gerenciamento Geral, Gerenciamento do Escopo, Gerenciamento do Tempo, Metodologia, Qualidade, Equipe e Gerenciamento da Comunicação. Por exemplo, se a média do subindicador Equipe (que mede a capacitação e a atuação do Gerente de Projetos) estiver aquém do limite mínimo, indicará que há necessidade de treinamento dos profissionais de forma geral, pois se trata de uma situação genérica e não-específica de um único projeto ou de um conjunto de projetos.

Se o subindicador de Gerenciamento da Comunicação é baixo, cabe ao PMO analisar se o conjunto de políticas, procedimentos e padrões que contempla esse item está adequado e se vem sendo utilizado pelos Gerentes de Projetos, pois pode exigir uma revisão dos procedimentos vigentes ou indicar a necessidade de divulgação/acompanhamento dos mesmos. Convém, todavia, comparar esse subindicador com o IPEC (Indicador de Planejamento e Efetividade da Comunicação), abordado no Capítulo 3, pois pode haver inconsistência entre os valores apurados, requerendo uma investigação acerca da percepção

---

[5] O Diagrama de Causa e Efeito é uma ilustração contendo as prováveis causas para um determinado efeito em um projeto. A nomenclatura de "espinha-de-peixe" é decorrente do desenho que se forma, pois se coloca o "efeito" (à direita) e as possíveis "causas" (à esquerda). Em geral, as causas são agrupadas em categorias, como: método, políticas, procedimentos, recursos etc., para posterior detalhamento. O efeito (problema) representa a cabeça do peixe e as causas, os ossos. Kaoru Ishikawa (1915-1989) era engenheiro químico pela Universidade de Tóquio, entre seus trabalhos na área de gerenciamento e controle da qualidade, destacava que se deveria eliminar as causas dos problemas e não os sintomas.

[6] BRASSARD, Michael; FINN, Linda; GINN, Danna; RITTER, Diane. *The six sigma memory Jogger II*. New Hamshpire: Goal/QPC, 2002. p. 49-58.

do patrocinador que propicia a geração do subindicador do Gerenciamento da Comunicação frente à percepção do Gerente de Projetos e/ou PMO, que gera o IPEC. O detalhamento dos subindicadores e sua monitoração pelo PMO é apresentando no Capítulo 8 – PMO e o Conjunto de Indicadores dos Projetos.

3
Indicador de Planejamento e Efetividade da Comunicação (IPEC)

3.1 Comunicação

A comunicação é um dos elementos mais importantes do sucesso de um projeto, pois envolve a distribuição de informação a todos, para os *stakeholders* do projeto: equipe, patrocinador (*sponsor*), usuário final, fornecedores, comunidade e, por vezes, a mídia.

A comunicação em projetos é complexa e exige um efetivo planejamento, pois a "informação a ser distribuída" tem diferentes objetivos, para os diferentes interlocutores, em diferentes níveis de informação. Atualmente, muito se fala em "democratização da informação", para que os profissionais tenham acesso às informações, contudo, isso não representa que a informação seja pública, mas, sim, pertinente ao trabalho a realizar, ao seu nível de autoridade e tomada de decisão. Por exemplo, para a equipe do projeto, as instruções para realização das atividades, o cronograma detalhado, as reuniões de progresso de projeto são integrantes do processo de comunicação.

Em um projeto há basicamente quatro tipos de reuniões: de início ou lançamento de projeto, de progresso ou avanço de projeto, de conclusão de fase e de encerramento de projeto. Os principais objetivos dessas reuniões são:

- **Reunião de início ou lançamento de projeto**: também chamada de *kickoff* do projeto, ou seja, o "pontapé inicial" que visa apresentar a todos os participantes os objetivos e as metas a serem atingidas com a execução do projeto. Além disso, deve-se divulgar o cronograma das atividades, as responsabilidades, os principais aspectos metodológicos que serão utilizados e os principais riscos do projeto, para que todos se sintam comprometidos com os resultados pretendidos. É por meio da reunião inicial que todos os participantes têm a oportunidade de se conhecer pessoalmente, por isso, recomenda-se que ao final da reunião se realize um evento social, como um coquetel ou algo similar, buscando facilitar a comunicação futura no projeto e integrar as equipes. Nessa reunião são divulgados os procedimentos operacionais que serão utilizados, como: lançamentos de horas e critérios adotados para relatórios de despesas dos participantes. O gerente de projetos que é responsável pela organização da reunião inicial, sua divulgação e realização, deve ter em mente que a presença do patrocinador do projeto é requisito indispensável para sua realização.

- **Reuniões de progresso ou avanço**: são realizadas conforme periodicidade previamente definida, ou em função de necessidades identificadas pelo gerente no transcorrer de sua execução. Um aspecto relevante é que toda reunião tenha data, local, horário, duração e pauta previamente definidos. Nesse tipo de reunião devem participar somente os profissionais que exerçam papel de coordenadores ou líderes de frentes de trabalho, o gerente de projeto e, se possível, o patrocinador. Um item para se desmistificar é a presença de todos os participantes do projeto: isso é pouco viável em termos logísticos e não é nada produtivo, pois há uma tendência a se discutir minúcias, perdendo-se o foco principal que é discutir os desvios dos cronogramas, identificar as ações corretivas e preventivas para as ocorrências do projeto, sejam na área de recursos humanos, de gestão da qualidade dos *deliveries*, de aquisições etc. Essas reuniões devem ser obrigatoriamente documentadas. Nesse aspecto, destaca-se que a documentação deve ser objetiva e registrar as principais decisões tomadas e as ações pendentes, com os respectivos responsáveis e prazos. Evidentemente, a distribuição deve ser realizada logo após a sua realização.
- **Reunião de conclusão de fase**: visa oficializar a conclusão de uma fase ou etapa, permitindo uma visão coletiva do caminho percorrido, além de organizar e planejar a realização de avaliações individuais dos integrantes da equipe do projeto.[1]

---

[1] Há Gerentes de Projeto que organizam "comemorações" com a equipe do projeto quando da conclusão de uma fase importante no projeto. Por vezes, eventos dessa natureza são previamente contemplados nas estimativas de custos do projeto.

- **Reunião de encerramento do projeto**: tem por objetivo oficializar a finalização do projeto e a transferência do comando para o usuário líder; visa também revisar os resultados finais do projeto e seus desdobramentos frente aos objetivos planejados; e envolver as partes interessadas e os usuários para garantir a efetiva "passagem do bastão". [2]

Há também as **Reuniões Executivas** que devem ser planejadas com periodicidade previamente definida ou conforme necessidade identificada pelo Gerente do Projeto. Essas reuniões, com indispensável presença do patrocinador, devem ter duas sessões: a primeira, que apresenta a evolução do projeto, uma visão gerencial do cronograma e dos indicadores de desempenho; por exemplo, os indicadores de mercado como o CPI (*Cost Performance Index*) e SPI (*Schedule Performance Index*), respectivamente o indicador de custos e de prazos no projeto, embora possam existir outros indicadores próprios da organização (de comunicação, de riscos, de satisfação do usuário final e outros). A segunda parte da reunião é acerca de discussões de novas demandas e necessidades no projeto, pois toda e qualquer alteração de escopo deve ser discutida e aprovada após apresentação dos impactos em custos e prazos. Assim, a primeira parte da reunião é informativa e a segunda parte, decisória. Pode-se concluir que as reuniões de projeto deixaram de ser "burocracia" ou "perda de tempo" como argumentam alguns profissionais que resistem a metodologias ou disciplinas de gestão. As reuniões de projeto há muito deixaram de ser necessárias, passaram a ser imprescindíveis ferramentas de comunicação e gestão de projetos. [3]

Adicionalmente às reuniões mencionadas, podem ser realizadas reuniões específicas após o encerramento do projeto para se capturar as *lessons learned* (lições aprendidas); para tanto é necessária a clara identificação dos participantes e dos objetivos da reunião, que é "melhorar para os próximos projetos" e não "buscar culpados". Essas reuniões devem ser devidamente documentadas e objetivam responder a cinco perguntas básicas: (1) O que foi feito corretamente no projeto? (2) O que poderia

---

[2] MADERS, Henry-Pierre. *Piloter um projet d'organisation*. Paris: Eyrolles, 2008. p. 64-66.
[3] TERRIBILI FILHO, Armando. Projetos: as reuniões são realmente necessárias? *Qualimetria*, São Paulo, v. 213, p. 58-59, maio de 2009.

ter sido feito melhor? (3) O que não funcionou nos processos? (4) O que teve de ser construído para o sucesso do projeto? (5) Como é possível mudar as causas dos problemas e falhas? [4 e 5]

Para o patrocinador, a comunicação tem informações em nível executivo, inclusive o cronograma, que tem uma apresentação mais sumarizada que o cronograma detalhado. Para o usuário final, a comunicação envolve "o quanto o projeto afeta seu dia a dia", suas habilidades e capacitação e até sua segurança pessoal (Há risco de perda do emprego?). Caso não haja uma comunicação positiva junto ao usuário final (ou ausência dela), poderá haver rejeição do usuário ao projeto. É justamente por isso, que muitas empresas contratam consultorias especializadas em *change management* (gerenciamento de mudanças) quando da execução de um projeto que envolve significativas alterações em nível operacional ou comportamental.[6]

A comunicação em um projeto envolve também a comunicação visual, que é a utilização de desenhos, símbolos e gráficos. Um exemplo típico é o cronograma, que, em geral, é representado por uma ilustração gráfica. O cronograma deve ser atualizado com a maior frequência possível e ser disponibilizado a todos participantes do projeto, para que todos saibam o que deve ser feito e quando. Ademais, é uma forma de se obter compromisso dos responsáveis e participantes pelas atividades, e é por isso, que se recomenda que o cronograma atualizado seja publicado no site do projeto (caso exista), nas paredes da sala na qual a equipe do projeto atua, também chamada de *War Room*.

Uma analogia que pode ser feita é a comunicação que existe em estradas que fornece o direcionamento ao motorista, informa as distâncias, alerta para condições físicas da estrada e de segurança para o condutor, informa os serviços e pontos turísticos existentes. Uma estrada no Brasil

---

[4] HACKOS, JoAnn. *Information development managing your documentation projects, portfolio, and people*. Indianapolis: John Wiley, 2007. p. 585-586.
[5] A atenção e o cuidado quanto à comunicação com *stakeholders* permanece mesmo após o encerramento do projeto, pois para a reunião de captura de *lessons learned*, os participantes e não-participantes devem ser previamente informados, evitando melindres daqueles que porventura não tenham sido convidados.
[6] *Change management* ou gerenciamento de mudanças é composto de planejamento e monitoração de uma alteração nos processos, sistemas ou organograma de uma organização, exigindo comunicação com os afetados e medição dos resultados. No *change management*, o papel da liderança é fundamental para obtenção do apoio e comprometimento dos demais envolvidos.

e uma na Alemanha têm em comum a comunicação visual, mas os textos contidos em placas somente serão compreensíveis pelos usuários que conheçam o idioma utilizado na rodovia (português no Brasil e alemão na Alemanha). Assim, em um projeto, deve ser criada uma linguagem comum, que seja entendida pelos envolvidos.[7]

3.2 Plano de comunicação de um projeto

O Plano de Comunicação de um projeto é algo simples de ser elaborado e utilizado. Talvez pelo fato de ser muito simples de ser feito, muitos Gerentes de Projeto acabam não desenvolvendo um plano para os seus projetos e, assim, algumas lacunas na comunicação são observadas no dia a dia das organizações. Dentre essas lacunas, algumas pouco impactantes para o progresso do projeto, outras gritantes, críticas, que trazem à tona questionamentos do tipo "Mas o gerente não pensou em divulgar isto?".

O Project Management Institute (PMI) no Brasil, através dos seus 15 *chapters*, organizam e realizam anualmente um benchmarking, a fim de compreender a situação da área de gerenciamento de projetos no país, como: aplicação de metodologias, principais ferramentas utilizadas, principais áreas de problemas, causa dos problemas, treinamento, investimento em certificações, etc. O benchmarking realizado em 2009 (Estudo de Benchmarking em Gerenciamento de Projetos Brasil), do qual participaram 300 organizações das áreas pública e privada, apontou que o item "problemas de comunicação" lidera a lista de problemas que ocorrem com mais frequência, com 76% de citações, ou seja, de cada quatro organizações respondentes da pesquisa, três declararam apresentar problemas de comunicação em seus projetos.[8 e 9]

---

[7] Linguagem comum representa o conjunto de conceitos, definições e jargões compreensíveis pelos participantes do projeto. Naturalmente que para projetos multipaíses, deve ser selecionado o idioma oficial (ou idiomas oficiais, se for o caso) para a comunicação do projeto.

[8] PMI, Project Management Institute – Chapters Brasileiros. Estudo de Benchmarking em Gerenciamento de Projetos Brasil, 2009.

[9] Os *chapters* (capítulos, escritórios ou seções) do PMI têm por objetivo apoiar o desenvolvimento do gerenciamento de projetos como uma disciplina profissional, promovendo encontros, seminários e cursos, divulgando também, artigos e boas práticas do mercado. O primeiro *chapter* no Brasil foi fundado em 1998 em São Paulo. Em 1999, surgem os *chapters* de Minas Gerais e do Rio de Janeiro. Em 2001 criação de Brasília, Paraná e Rio Grande Sul. Em 2003 surgem mais quatro *chapters*: Amazônia, Bahia,

Um Plano de Comunicação é uma matriz que contém os itens de comunicação que ocorrerão no transcorrer do projeto.

Assim, dentre os elementos de comunicação, pode-se citar:
    a) Identificação da comunicação
    b) Título da comunicação
    c) Objetivo/Conteúdo
    d) Destino (receptores)
    e) Responsável
    f) Modalidade de comunicação
    g) Periodicidade
    h) Data de início
    i) Data de término
    j) Observações

a) Identificação da comunicação: representa um número sequencial e único no projeto, que identifica a comunicação. Pode ser precedido do prefixo "Com", por exemplo. Assim, tem-se: Com #001, Com #002, Com #003.

b) Título da comunicação: título sucinto que define o comunicado com palavras-chave.

c) Objetivo/conteúdo: descrição do conteúdo do comunicado e/ou qual seu objetivo.

d) Destino (receptores): a quem se destina o comunicado, podendo ser público, geral para os participantes do projeto, específico para algumas áreas ou para um determinado grupo de profissionais etc.

e) Responsável: o profissional que deverá desenvolver o conteúdo, incluindo desenvolvimento de textos, desenhos, gráficos etc. Esse item inclui também eventuais traduções que se façam necessárias.

f) Modalidade de comunicação: descrever o meio (ou os meios) pelos quais o comunicado será efetuado, incluindo reuniões específicas, Internet/Intranet, *e-mail*, site, *pop-up*, revista, boletim, cartazes, faixas, *outdoor*, rádio, TV, jornal etc.

g) Periodicidade: descreve com qual frequência o comunicado será divulgado (diária, semanal, quinzenal, mensal, bimestral ou única).

h) Data de início: a data em que se inicia a divulgação da comunicação.

i) Data de término: a data em que termina a divulgação da comunicação.

j) Observações: alguma informação relevante acerca da comunicação.

Pernambuco e Santa Catarina. Em 2005 Ceará, Espírito Santo e Goiás. Sergipe em 2012 e Mato Grosso em 2015. Este crescimento no número de *chapters* do PMI evidencia a expansão pelo país das práticas contidas no PMBOK e o crescimento da área de gerenciamento de projetos como atividade profissional.

3.3 Exemplo de um plano de comunicação

Nas Figuras 3.1 e 3.2 é apresentado um Plano de Comunicação (parcial) para um projeto de implantação de um sistema público municipal para marcação de consulta médica utilizando o serviço 0800.

Identificação	Comunicado	Objetivo/conteúdo	Responsável	Destino
Com #01	Divulgação inicial	Divulgar o serviço no ambiente da Prefeitura	Prefeito	Servidores da Prefeitura
Com #02	Reunião Inicial do Projeto	Reunir patrocinador e equipe para informar projeto e responsabilidades	Gerente do Projeto	Equipe do projeto e patrocinador
Com #03	Reunião de Progresso do Projeto	Avaliar evolução do projeto. Utilizar cronograma planejado vs. realizado	Gerente do Projeto	Equipe do projeto e patrocinador
Com #04	Divulgação preliminar (município)	Divulgar o serviço para a comunidade e data de início	Secretário Municipal de Saúde	Munícipes
Com #05	Divulgação preliminar (geral)	Divulgar o serviço para todo o país, para avaliação de replicação em outras cidades	Secretário Municipal de Saúde	Cidadão
Com #06	Conscientização dos atendentes	Mostrar a importância de um bom atendimento	Secretário Municipal de Saúde	Atendentes do *call center*
Com #07	Divulgação do serviço para o público	Divulgar o serviço com foco no número 0800	Gerente do Projeto	Munícipes
Com #08	Nível de serviço (município)	Divulgar nível de serviço e estatísticas de utilização	Secretário Municipal de Saúde	Munícipes
Com #09	Nível de serviço (geral)	Divulgar resultados, nível de serviço e estatísticas	Secretário Municipal de Saúde	Cidadão
Com #10	Índice de Satisfação do Cidadão	Divulgar os resultados das pesquisas mensais, com mensagens de incentivo	Gerente do Projeto	Atendentes do *call center* e servidores da Secretaria de Saúde
Com #11	Reunião de Encerramento	Formalizar o encerramento do projeto	Gerente do Projeto	Equipe do projeto e patrocinador

Figura 3.1 – Exemplo de plano de comunicação (parte 1 de 2).

Identificação	Modalidade	Periodicidade	Data de início	Data de término	Observações
Com #01	Intranet e e-mail	Única	4 meses antes da implantação		Este item inclui matéria no Jornal Mensal da Secretaria de Saúde
Com #02	Reunião com registro em ata	Única			
Com #03	Reunião com registro em ata	Quinzenal	15 dias após reunião inicial		
Com #04	TV, rádio e jornais	Semanal	3 meses antes da implantação	1 mês após a implantação	
Com #05	Revista da Prefeitura	Única	3 meses antes da implantação		
Com #06	Reunião (auditório)	Única	1 mês antes da implantação		
Com #07	Faixas, *outdoor*, site da Prefeitura e Intranet	Contínua	primeiros 15 dias da implantação		
Com #08	Entrevista coletiva	Única	1 mês após a implantação		
Com #09	Revista da Prefeitura	Única	2 meses após a implantação		Referenciar artigo da edição anterior que mencionava o plano (Com #05)
Com #10	Jornal Mensal da Secretaria de Saúde	Mensal	1 semana após apuração do resultado mensal da pesquisa	conclusão do projeto (3 meses após implantação)	
Com #11	Reunião com registro em ata	Única	3 meses após a implantação		

Figura 3.2 – Exemplo de plano de comunicação (parte 2 de 2).

3.4 Indicador de Planejamento e Efetividade da Comunicação (IPEC)

Como não há um indicador específico de mercado que meça o aspecto de comunicação em projetos, recomenda-se que a organização desenvolva seu próprio indicador com base em suas particularidades e especificidades. Para criação de indicador próprio, consulte o Capítulo 7 – Criando seu próprio indicador de monitoração de projetos.

Na Figura 3.3, temos um exemplo de um Indicador de Planejamento e Efetividade da Comunicação (IPEC), que tem por base um questionário que deve ser respondido pelo Gerente do Projeto ou por um profissional do PMO (*Project Management Office*) sobre um determinado projeto. Neste exemplo, o questionário é composto por questões com respostas binárias (sim ou não), sendo que para cada uma delas é apresentado um peso. Caso se queira utilizar este questionário, os pesos podem ser alterados em função das prioridades da organização.

	SIM	NAO
1. O projeto possui Plano de Comunicação? (Se não, vá para a questão 6)	( )	( )
2. O Plano de Comunicação é revisado e atualizado periodicamente?	( )	( )
3. Os responsáveis pela comunicação recebem regularmente as versões atualizadas do plano?	( )	( )
4. Toda comunicação tem um e só um responsável claramente identificado?	( )	( )
5. O Plano de Comunicação tem sido cumprido?	( )	( )
6. O projeto tem um organograma e foi formalmente divulgado a toda equipe?	( )	( )

Figura 3.3 – Questionário para obtenção do IPEC.

	SIM	NAO
7. A comunicação do projeto com a equipe tem sido eficiente e boa?	( )	( )
8. A comunicação do projeto com *stakeholders* tem sido eficiente e boa?	( )	( )
9. Têm sido realizadas reuniões periódicas de progresso do projeto com a equipe, conforme planejado? (Se não, vá para a questão 11)	( )	( )
10. As reuniões de progresso do projeto com a equipe têm sido documentadas?	( )	( )
11. Têm sido realizadas reuniões periódicas executivas com o patrocinador do projeto, conforme planejado? (Se não, vá para a questão 13)	( )	( )
12. As reuniões executivas com o patrocinador do projeto têm sido documentadas?	( )	( )
13. O cronograma é atualizado regularmente e está fixado em local de acesso à equipe do projeto?	( )	( )
14. Os profissionais integrantes da equipe de projeto têm recebido instruções claras das atividades a desempenhar?	( )	( )
15. Os profissionais integrantes da equipe de projeto têm recebido *feedback* de seu desempenho?	( )	( )
16. Os procedimentos administrativos do projeto (lançamento de horas, relatório de atividades, prestação de contas de despesas etc.) estão documentados, foram divulgados à equipe e vêm sendo cumpridos?	( )	( )

Figura 3.3 – Questionário para obtenção do IPEC (continuação).

3.4.1 Cálculo do IPEC

Para cálculo do indicador, conforme questionário apresentado anteriormente, deve ser atribuída uma pontuação para cada "SIM" assinalado em resposta às 16 questões propostas no questionário. Para as questões 1, 9, 11 e 15 atribua 1,0 ponto para cada "SIM"; para as demais, 0,5 ponto. Não devem ser pontuadas as questões com resposta "NÃO" ou as questões sem resposta (que foram saltadas nas condições de desvio).

O total de pontos obtidos representa o Indicador de Planejamento e Efetividade da Comunicação (IPEC). O total máximo de pontos é 10 (dez) e o mínimo 0 (zero).

3.4.2 Interpretação do IPEC

O IPEC mede o planejamento, a execução e o controle dos itens relativos à comunicação do projeto, englobando: o Plano de Comunicação, o cronograma do projeto (atualização e divulgação), a realização de reuniões em diversos níveis, a documentação das reuniões, a comunicação do Gerente de Projetos com a equipe, seja em termos de instruções e orientações para a execução de atividades, seja para dar *feedback* individual do trabalho realizado.

3.4.3 Faixas de pontuação do IPEC

- **Abaixo de 5,0** – Caso o índice obtido esteja abaixo de 5,0 a comunicação no projeto está sofrível. É urgente que se avalie cada uma das respostas com "NÃO" e as que ficaram em branco para rever as lacunas de comunicação existentes no projeto, seja com a equipe, seja com os *stakeholders*, seja na falta de planejamento de reuniões ou na ausência/insuficiência de documentação. *Rating*: vermelho.
- **Entre 5,0 e abaixo de 6,5** – Comunicação ainda ruim no projeto. Provavelmente já ocorreram problemas de comunicação no projeto, por isso, seria oportuno avaliar as lacunas existentes e buscar preenchê-las rapidamente, melhorando a comunicação e os resultados do projeto. *Rating*: vermelho.
- **Igual ou superior a 6,5 e abaixo de 8,0** – Comunicação regular. O nível de problemas decorrente de falha de comunicação ainda

existe, o que pode dificultar o gerenciamento do projeto. *Rating*: amarelo.

- **Igual a 8,0 ou superior** – A comunicação no projeto é adequada, com Plano de Comunicação bem estruturado, atualizado e distribuído regularmente. A realização de reuniões ocorre em todos os níveis com regularidade, com os devidos registros em atas ou similares. A equipe de projeto é bem instruída de suas atividades e recebe *feedback* periódico do Gerente do Projeto ou líderes. O cronograma, além de atualizado, é um instrumento de comunicação com a equipe de projeto. *Rating*: verde. De qualquer modo, seria oportuno avaliar os itens que impossibilitaram a obtenção do índice máximo (10,0), para garantir a excelência na comunicação do projeto.

4
Gerenciamento de Custos e Receitas

4.1 Conceitos

Em gerenciamento de projetos, em conformidade com o PMBOK (*Project Management Body of Knowledge*) do PMI (*Project Management Institute*) há a disciplina de Gerenciamento de Custos de Projeto, embora alguns profissionais menos experientes, quando estão gerenciando seus projetos ainda façam alguma confusão entre "gerenciar a receita" e "gerenciar os custos".

Muito mais que uma questão semântica, isso decorre do ramo de atividade da empresa para a qual o Gerente de Projetos atua. Se ele trabalha para uma empresa prestadora de serviços que "vende" projetos (empresas de consultoria, de engenharia, *software houses*, empresas que organizam eventos para terceiros) são utilizados os dois conceitos: o primeiro é a receita líquida, que representa o valor total do projeto que é cobrado do cliente com as devidas deduções de impostos e, o segundo conceito é o custo total do projeto que é o somatório dos custos incorridos no projeto durante sua execução. Já, para organizações que não vendem projetos, estes são internos a elas tendo apenas orçamentos aprovados que dão sustentação a pagamentos a fornecedores e apropriação de custos aos projetos. A Figura 4.1 ilustra esta diferença, porém, deixando evidente que em ambos os casos o alvo do gerenciamento é o "custo".

	Empresa prestadora de serviços	Outro tipo de empresa
Projetos	vendidos	intermos
Ambiente de realização do projeto	cliente	usuário
Preço	custo + margem	orçamento
Foco do gerenciamento	custo	custo

Figura 4.1 – Empresas prestadoras de serviços *vs.* outro tipo de empresa.

4.2 Gestão de custos em projetos – para empresas prestadoras de serviços

Em geral, os contratos de serviços, relativos à execução de projetos, estão na modalidade de *Fixed Price* (preço fixo), por exigência das empresas compradoras de serviços em função de suas limitações orçamentárias. Essa modalidade de contrato traz o risco de aumento de custos do projeto para a empresa prestadora de serviços. Diante desse cenário, têm-se duas situações distintas de comparação de custos com receita, ao final de um projeto.

a) Situação 1 – Projeto com custo total inferior à receita líquida

Se o projeto teve custos inferiores à receita líquida, diz-se que o projeto teve margem positiva ou lucro (Figura 4.2). Essa margem pode ser maior, menor ou igual à margem planejada pela empresa prestadora de serviços antes da realização do projeto. É por isso que se diz que: se a prestadora de serviços for mais eficiente que planejou, poderá aumentar sua margem de lucro; caso contrário, haverá redução da margem prevista.

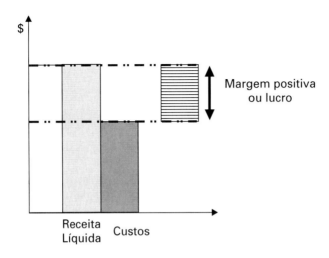

Figura 4.2 – Receita líquida *vs.* custo total (com margem positiva).

b) Situação 2 – Projeto com custo total superior à receita líquida

Se os custos finais do projeto ultrapassaram a receita líquida obtida, então se diz que o projeto teve margem negativa ou prejuízo, conforme mostrado na Figura 4.3.

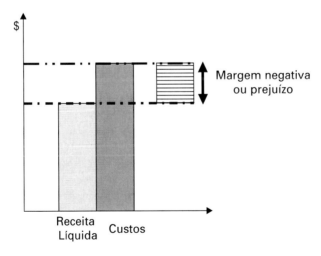

Figura 4.3 – Receita líquida *vs.* custo total (com margem negativa).

4.2.1 Gerenciamento da receita ou gerenciamento do contrato do projeto

Evidentemente que se faz necessário gerenciar as receitas decorrentes de faturamentos realizados pela empresa prestadora de serviços contra o cliente. Entretanto, este gerenciamento está associado ao gerenciamento de contratos, que tem por base, valores predeterminados com base em entregas realizadas, fases concluídas, níveis mínimos de serviços atingidos, penalidades financeiras previstas em contratos que afetam o faturamento etc.

Há outro tipo de contrato que as empresas prestadoras de serviços utilizam, no entanto, em menor escala, que é o *Time & Material* (T&M), em que o preço é previamente definido junto ao cliente tendo por base dois fatores: o tempo (mão de obra utilizada) e os recursos materiais empregados no projeto. Nessa modalidade de contrato, o risco é do tomador do serviço, pois o custo final do projeto dependerá do tempo despendido para sua finalização. Caso típico de contrato *Time & Material* é o *body shop*, que é a venda exclusiva de mão de obra, quando o cliente paga pela quantidade de pessoas ou horas de trabalho utilizadas. Para a empresa prestadora do serviço não há riscos, nem variação de margem, pois se sabe de antemão o valor ou o percentual de lucratividade.

4.2.2 Contrato *Fixed Price* vs. *Time & Material*: exemplo

Um caso típico que evidencia a diferença entre um contrato *Fixed Price* e um contrato *Time & Material*, seria a realização da reforma de uma casa. Para o contrato *Fixed Price*, o construtor avalia a obra que será realizada como um todo e discute com seu cliente o acabamento desejado. Em seguida, apresenta um preço para o serviço e uma estimativa de tempo. O tomador do serviço pagará o valor fixo pactuado entre as partes, independentemente do prazo de conclusão da obra; assim, se a obra for entregue antes do prazo apresentado, implica que provavelmente os custos do construtor ficarão abaixo do previsto, por isso, o ganho de eficiência aumentará a margem de lucratividade do construtor. Por outro lado, se o projeto atrasar por razões climáticas adversas e se os preços dos materiais tiverem algum reajuste no transcorrer da obra (antes de sua aquisição) haverá deterioração da margem do construtor, podendo inclusive ter prejuízo no projeto. É por isso que se diz que o risco de aumento de custos na modalidade de contrato *Fixed Price* é do prestador do serviço.

De modo análogo, se a referida obra tivesse um contrato na modalidade *Time & Material* entre construtor e tomador do serviço (cliente), as características de execução seriam diferentes. Como característica do contrato, haveria um preço predefinido por dia (ou hora) para os vários tipos de mão de obra envolvidos no projeto e os custos dos materiais utilizados seriam repassados ao tomador do serviço. Assim, caso o projeto fosse concluído antes do prazo previsto com redução de mão de obra, o tomador do serviço pagaria somente o montante relativo ao serviço prestado com valor inferior ao orçado. Em contrapartida, caso ocorresse aumento no prazo e/ou nos custos dos materiais, caberia ao tomador do serviço arcar com o aumento dos custos. É por isso que se diz que o risco de aumento de custos na modalidade de contrato *Time & Material* é do tomador do serviço.

É evidente que os contratos *Fixed Price* e *Time & Material* possuem cláusulas de flexibilização para amenizar as variações de custos para o prestador de serviços e trazer alguma garantia para o tomador do serviço em termos de prazos. Todavia, cada vez mais no mercado, as empresas que contratam serviços de outras empresas optam por trabalhar na modalidade "preço fixo", seja para alinhamento orçamentário ou para evitar imprevistos financeiros.

4.2.3 Cálculo da margem financeira de um projeto

No processo de formação de preço a ser apresentado ao cliente, a empresa prestadora de serviço determina uma margem de rentabilidade esperada para o projeto. Assim, com base nos custos estimados e no valor calculado para contingências, acrescenta-se um percentual de margem.[1]

Para o cálculo do preço final (sem impostos) utiliza-se a fórmula:

$$\text{Preço final} = \frac{\text{total de custos estimados} + \text{valor da contingência}}{(1 - \%\ \text{margem})}$$

---

[1] Algumas possibilidades para cálculo da contingência em projetos são discutidas no Capítulo 6 – Indicador de Gestão de Riscos (IGR).

Exemplo: um projeto que tenha custos de $100 e tenha contingência prevista de $8. Supondo que a empresa queira trabalhar com uma margem de lucratividade de 10%, qual seria o valor final a ser apresentado ao cliente?

Resposta: $120, pois vem de (100 + 8) / (1 – 0,10)

A interpretação para o valor da margem é que representa o percentual de lucratividade que se tem sobre a receita. Nesse caso, 10% de $120 representa a margem de $12, que é exatamente o resultado da receita líquida de $120 deduzida dos custos com contingência no total de $108.

4.2.4 *Mark-up*

Margem é diferente do *mark-up*, também utilizado por empresas prestadoras de serviços. *Mark-up* é quando se quer incrementar um determinado percentual sobre o custo.

> Preço final = (total de custos estimados + valor da contingência) * (1 + % de *mark-up*)

No exemplo apresentado anteriormente, trabalhando-se com *mark-up* de 10% ter-se-ia como preço final $118,80, proveniente de: 108 * (1 + 0,10).

4.2.5 Exemplo: diferença de margem e *mark-up*

Supondo que um Diretor de Projetos de uma empresa prestadora de serviço pretenda trabalhar com margem de 14% e outro diretor queira trabalhar no mesmo projeto com *mark-up* de 14%. Qual é o preço a ser proposto em cada situação? (Considere que a soma dos custos estimados e da contingência totalizem $500).

Diretor 1 (proposta de 14% de margem)
Preço final de $581,40, decorre de 500 / (1 - 0,14)

Diretor 2 (proposta de 14% de *mark-up*)
Preço final de $570,00, decorre de 500 * (1 + 0,14)

Na realidade, o segundo Diretor de Projetos está propondo uma margem de 12,28%.[2]

4.3 Gestão de custos em projetos – para todos os tipos de empresa

4.3.1 Componentes de custos em projetos

Os custos de um projeto estão relacionados à aquisição de equipamentos, materiais e serviços, mão de obra, locomoção e estadia de profissionais, licença de *softwares*, aluguéis, impostos, juros, depreciação etc. Cada projeto apresenta suas particularidades quanto aos componentes de custos. Exemplo: um projeto para desenvolvimento de um *software* de gestão empresarial, um projeto para construção de um estádio de futebol, um projeto para realização de um seminário internacional sobre gerenciamento de projetos, todos apresentam características próprias quanto aos componentes de custos.

4.3.2 Estimativas de custos

As estimativas de custos devem ser realistas, precisando ser elaboradas de forma detalhada. Vale ressaltar que as estimativas de custos devem ser feitas por equipe experiente, preferencialmente que tenha atuado em projetos similares, lembrando que uma estimativa é a "melhor previsão possível com as informações disponíveis", e não o maior valor, o menor valor ou a média aritmética das opções analisadas.

O processo de planejamento de custos deve ser feito com o maior nível de granularidade possível, pois quanto menor for a unidade, mais fácil é efetuar a estimativa, além de garantir uma boa precisão. Para a elaboração das estimativas (não só de custos, mas também de prazos para o desenvolvimento dos trabalhos planejados), consideram-se como boas práticas: (1) consultar o registro das *lessons learned* de projetos anteriores e outros dados históricos disponíveis na organização; (2) realizar pesquisas de mercado de preços dos componentes de custos para se ter uma

---

[2] Para se calcular o percentual de margem deve-se dividir o valor da margem pela receita líquida do projeto.

visão realista; (3) trabalhar com equipe qualificada e experiente; e (4) que os recursos alocados para elaboração das estimativas tenham disponibilidade para a realização desse trabalho, para que deem a prioridade que o assunto exige.

Recomenda-se a utilização de WBS (*Work Breakdown Structure*) e do Plano de Gestão de Riscos (apresentado no capítulo 6) para a elaboração das estimativas de custos das unidades de trabalhos planejadas, as quais dependem diretamente das atividades programadas, da duração, dos recursos necessários, das restrições e premissas do projeto.[3]

Um dos produtos finais do processo de elaboração de estimativas e aprovação do orçamento para o projeto é que o Gerente de Projetos tenha os custos estimados para cada trabalho que será executado, detalhados por período de tempo (semana ou mês, por exemplo), pois isso possibilitará o efetivo gerenciamento de custos no projeto.

4.3.3 Execução do projeto: monitoração dos custos (PV, AC, ETC e EAC)

Para realizar a monitoração dos custos em um projeto, quatro conceitos são fundamentais:

- *Planned Value* (PV) – valor planejado para a realização de um trabalho no projeto. O somatório dos PVs dos trabalhos que compõem o projeto representa o PV do projeto ou BAC (*Budget at Completion*) do projeto.
- *Actual Cost* (AC) – valor incorrido para realização de um trabalho, durante certo período de tempo. O somatório dos ACs dos trabalhos representa o AC do projeto.
- *Estimate to Complete* (ETC) – custo necessário para completar o que falta em um trabalho planejado. O somatório dos ETCs dos trabalhos representa o ETC do projeto.

---

[3] WBS é a decomposição do trabalho que será executado pela equipe do projeto para atingir os objetivos do mesmo e criar os entregáveis requeridos. Deve ser a base para elaboração do cronograma e das estimativas de custos.

- *Estimate at Completion* (EAC) – o custo total esperado para realização de um trabalho. O somatório dos EACs dos trabalhos representa o EAC do projeto[4 e 5].

Lembretes: O PV é fixo, pois é o valor que foi planejado e aprovado para o projeto. O AC representa os custos que incorreram, independentemente do valor planejado. O ETC é baseado no trabalho faltante e não no PV. E finalmente, o EAC é dado pela soma dos valores de AC e ETC.[6]

Com objetivo de esclarecer os quatro conceitos apresentados e sua aplicação, será apresentado um exemplo com a evolução de um projeto em quatro momentos distintos, com as devidas explicações.

Na Figura 4.4 é apresentado o Momento 1 do projeto, quando ainda não foi iniciado. Nesse momento é notório que o AC (custos incorridos) esteja zerado, e o ETC (quando falta para acabar) seja idêntico ao PV, supondo-se que não houve revisão no plano de trabalho do projeto.

Trabalho	PV (valor planejado)	AC (custos incorridos)	ETC (quanto falta para acabar)	EAC (como vai terminar) AC + ETC
A	10	0	10	10
B	15	0	15	15
C	20	0	20	20
D	60	0	60	60
E	45	0	45	45
Total	150	0	150	150

Figura 4.4 – Momento 1 (projeto não-iniciado).

---

[4] O *Planned Value* (PV) consta em algumas literaturas técnicas como BCWS (*Budgeted Cost of Work Scheduled*) e o AC (*Actual Cost*) como ACWP (*Actual Cost of Work Performed*). O valor total planejado para um projeto é também chamado de BAC (*Budget at Completion*).
[5] O termo "trabalho" utilizado neste capítulo representa atividade ou componente de um WBS.
[6] Um erro comum, porém grosseiro, cometido por profissionais pouco experientes é o cálculo do ETC com base no PV e AC. Em um dado momento, alguém inventou a fórmula (ETC = PV – AC) que não tem significado algum, a não ser "fazer conta de chegada para o cálculo do ETC". Esse erro induz o patrocinador a entender que o projeto está sob controle financeiro por um bom tempo durante sua execução, até o momento que o AC supera o PV.

Na Figura 4.5 é apresentado o Momento 2 do projeto, quando os Trabalhos A, B e C já foram concluídos, o D está em execução e o Trabalho E ainda não foi iniciado. É importante notar que o Trabalho A teve um custo menor do que foi planejado ($9 contra $10), o Trabalho B teve um custo maior que o planejado ($18 contra $15) e o Trabalho C também teve um custo menor que o planejado ($18 contra $20). O Trabalho D que está em execução, já teve custos de $15 e deve ter mais $43, enquanto o Trabalho E (não-iniciado) já teve sua estimativa alterada de $45 para $56. As alterações das estimativas são sempre refletidas no ETC do projeto e não no PV.

Trabalho	PV (valor planejado)	AC (custos incorridos)	ETC (quanto falta para acabar)	EAC (como vai terminar) AC + ETC
A	10	9	0	9
B	15	18	0	18
C	20	18	0	18
D	60	15	43	58
E	45	0	56	56
Total	150	60	99	159

Figura 4.5 – Momento 2 (projeto em execução).

Ainda de acordo com a Figura 4.5, pode-se concluir que o projeto deverá ultrapassar o orçamento em 6% (a previsão original era de $150 e a nova previsão aponta EAC de $159). É importante notar que embora o projeto seja de $150 e que tenha gastado apenas $60, já pode ser "sinalizado" como projeto com potencial problema de custos, caso nada seja alterado na execução dos trabalhos faltantes para sua conclusão.

Assim, para saber do andamento de um projeto, é necessário comparar o EAC com o PV, pois:

- Se EAC é menor ou igual ao PV – indica que o projeto está sob controle de custos, sinalizando que terá uma finalização positiva em termos financeiros;

- Se EAC é maior que PV – indica que o projeto está gastando mais que o plano original, sinalizando que terá uma finalização negativa em termos financeiros.

A Figura 4.6 apresenta o Momento 3 do projeto, ainda em execução. Nessa situação, o Trabalho D continua em execução e o Trabalho E já foi iniciado. O resultado final mostra que o projeto ainda continua sinalizando que gastará mais que o planejado em 4% (EAC é $156, contra PV de $150). De qualquer modo, nota-se que o Trabalho E (comparando-o no Momento 2 e Momento 3) teve alguma melhora financeira, pois o EAC desse trabalho era $56 e passou para $53.

Trabalho	PV (valor planejado)	AC (custos incorridos)	ETC (quanto falta para acabar)	EAC (como vai terminar) AC + ETC
A	10	9	0	9
B	15	18	0	18
C	20	18	0	18
D	60	50	8	58
E	45	30	23	53
Total	150	125	31	156

Figura 4.6 – Momento 3 (projeto em execução).

A Figura 4.7 apresenta o Momento 4 do projeto, concluído. Todo projeto concluído tem ETC zerado (não há mais nada a fazer) e o AC é igual ao EAC. No caso apresentado, o projeto ultrapassou em 10% o orçamento (previsão era de $150 e no encerramento ficou com $165).[7]

Trabalho	PV (valor planejado)	AC (custos incorridos)	ETC (quanto falta para acabar)	EAC (como vai terminar) AC + ETC
A	10	9	0	9
B	15	10	0	18
C	20	18	0	18
D	60	65	0	65
E	45	55	0	55
Total	150	165	0	165

Figura 4.7 – Momento 4 (projeto concluído).

---

[7] Todo projeto concluído tem ETC zerado; no entanto, nem todo projeto com ETC zerado pode ser considerado concluído (por exemplo, pode faltar o aceite final do patrocinador).

Ao final do projeto devem ser analisadas as principais causas que deterioram financeiramente o projeto, registrando-as em *lessons learned* (lições aprendidas) para que em futuros projetos, as estimativas sejam mais precisas e os erros ora cometidos não se repitam.[8] No caso, os maiores ofensores das variações de custos foram os trabalhos E, D e B, pois excederam as estimativas em $10, $5 e $3, representando acréscimo de 22%, 8% e 20% em relação ao previsto, respectivamente.

4.3.4 *Earned Value*

O *Earned Value* (EV), traduzido para o português por "valor agregado", é integrante do *Earned Value Management* e representa "quanto do orçamento planejado/aprovado para um dado trabalho pode ser apropriado ao projeto em função do que foi realizado". Em outras palavras, representa o "valor obtido", "valor ganho" pelo trabalho desenvolvido, o esforço realizado; por isso tem dois componentes: o valor planejado e o percentual de conclusão do referido trabalho.[9]

O exemplo na Figura 4.8 ilustra que o Trabalho V por estar concluído tem *Earned Value* de $120. Idem para o Trabalho Y com EV = $40. O Trabalho X por estar apenas 30% concluído tem $150 como "valor obtido" (30% de $500) e o Trabalho W tem EV = $240 (80% de $300). O Trabalho Z por não ter sido iniciado, ainda não tem valor ganho.

Trabalho	PV (valor planejado)	% de conclusão	EV (valor ganho)
V	120	100%	120
X	500	30%	150
Y	40	100%	40
W	300	80%	240
Z	140	0%	0
Total	1.100		550

Figura 4.8 – *Earned Value* (exemplo).

---

[8] As *lessons learned* fazem parte da Gestão do Conhecimento da organização, por isso, devem ser documentadas e disponibilizadas para todos os Gerentes de Projetos, para que as informações não se restrinjam à "memória" dos profissionais que trabalharam no projeto.

[9] O *Earned Value* (EV) consta em algumas literaturas técnicas como BCWP (*Budget Cost of Work Performed*).

Duas observações importantes:

(1) **Atenção**: o *Earned Value* (EV) não tem associação alguma com os custos incorridos no projeto, pois representa o valor obtido com base no valor planejado/aprovado para o trabalho;

(2) Caso se queira calcular o percentual de conclusão do projeto como um todo, deve-se efetuar a divisão do valor total apurado para o EV pelo valor total do PV; no caso mostrado na Figura 4.8, seria 50%, que vem de $550 / $1.100.

4.3.5 *Cost Variance*

O *Cost Variance* (CV) mede a variação de custos em um trabalho e é calculado como a diferença entre o *Earned Value* (EV) e o *Actual Cost* (AC). Por meio do exemplo apresentado na Figura 4.9 se pode notar que o Trabalho V tem um CV de $30 (EV de $120 e os custos para sua realização foram de $90). Assim, a variação de custos foi positiva, pois o "valor obtido" foi maior que o valor gasto para a conclusão do trabalho. Isso não ocorreu com o Trabalho X que teve EV de -$50 (EV de $150 e AC de $200), evidenciando que os custos incorridos superaram o valor ganho para esse trabalho. E assim sucessivamente, pode-se fazer essa avaliação de trabalho por trabalho. O valor final do CV (*Cost Variance*) indica de forma absoluta se o projeto progride satisfatoriamente ou não do ponto de vista financeiro. No projeto apresentado na Figura 4.9, para um EV (valor ganho) de $550, os custos foram de $600, estando, portanto, o EV negativo no total de $50.

Trabalho	PV (valor planejado)	% de conclusão	EV (valor ganho)	AC (custos incorridos)	CV (variação de custos)
V	120	100%	120	90	30
X	500	30%	150	200	−50
Y	40	100%	40	80	−40
W	300	80%	240	230	10
Z	140	0%	0	0	0
Total	1.100		550	600	−50

Figura 4.9 – *Cost Variance* (CV).

4.3.6 *Work completion* ou trabalho realizado: modelos 0/100, 20/80 e 50/50

O *work completion* de um trabalho representa "quanto do trabalho foi realizado" em termos percentuais do esforço planejado. Para trabalhos já finalizados, o *work completion* representa 100%; desse modo, o EV do trabalho é a totalidade do montante que foi previsto para o referido trabalho. Para trabalhos ainda não-iniciados, obviamente, o *work completion* é 0% e consequentemente, o EV também é zero. Uma das dificuldades para se apurar o *Earned Value* (EV) é relativa aos trabalhos iniciados e ainda não-concluídos, pois nem sempre é simples calcular qual é o percentual do trabalho que foi completado, pois os critérios de medições do que foi realizado podem ser subjetivos e imprecisos.[10]

Por isso, algumas organizações e gestores têm políticas definidas: estilo conservador (0/100), que representa que o valor do trabalho será considerado no EV somente quando da conclusão do trabalho; estilo cauteloso (20/80), que representa que 20% do valor planejado para o trabalho será considerado no EV ao iniciar o trabalho e os 80% restantes somente quando da conclusão do trabalho; e finalmente, o estilo agressivo (50/50), que representa que 50% do valor planejado do trabalho será computado no EV no início do trabalho e os 50% restantes quando de sua conclusão.

O PMO de uma organização pode determinar outras políticas, como por exemplo, 10/90 que representaria um estilo intermediário entre o conservador e cauteloso, e também, 30/70 ou 40/60 que seriam estilos intermediários situados entre o cauteloso e agressivo. A Figura 4.10 apresenta os estilos mencionados no texto.

Estilo	Nome	% no início da atividade	% no final da atividade
0/100	Conservador	0%	100%
20/80	Cauteloso	20%	80%
50/50	Agressivo	50%	50%

Figura 4.10 – Estilos para reconhecimento do trabalho realizado (*work completion*).

---

[10] Há alguns tipos de projetos de Engenharia em que a realização de medições é costumeira e tem bom nível de precisão, diferentemente de outros projetos, como os de desenvolvimento de *software* que têm complexidade para apuração do "quanto foi realizado".

O conjunto de trabalhos apresentados anteriormente na Figura 4.9 teria valores distintos de EV (*Earned Value*) para os diferentes estilos e, consequentemente, diferentes de valores de CV (*Cost Variance*), que são apresentados na Figura 4.11. No estilo 0/100, o EV é $160, enquanto o CV é –$440; no estilo 20/80, tem-se respectivamente $320 e –$280 para EV e CV. Finalmente, para o estilo 50/50, tem-se EV de $560 e CV de –$40. Os adjetivos conservador, cauteloso e agressivo são facilmente compreendidos pelos valores obtidos de EV: $160, $320 e $560, para o mesmo trabalho realizado.[11]

Nota: os valores de PV (valor planejado) e AC (custos incorridos) permanecem inalterados para qualquer modelo que a organização adote: 0/100, 20/80 ou 50/50.

Trabalho	PV (valor planejado)	% de conclusão	AC	Estilo 0/100 – conservador		Estilo 20/80 – cauteloso		Estilo 50/50 – agressivo	
				EV	CV	EV	CV	EV	CV
V	120	100%	90	120	30	120	30	120	30
X	500	30%	200	0	–200	100	–100	250	50
Y	40	100%	80	40	–40	40	–40	40	–40
W	300	80%	230	0	–230	60	–170	150	–80
Z	140	0%	0	0	0	0	0	0	0
Total	1.100		600	160	–440	320	–280	560	–40

Figura 4.11 – EV e CV para os estilos 0/100, 20/80 e 50/50.

4.4 Indicador de desempenho de custos - CPI (*Cost Performance Index*)

O indicador mais conhecido na área de gerenciamento de custos é o CPI – *Cost Performance Index*, que nada mais é que o quociente obtido entre *Earned Value* (EV) e o somatório dos valores gastos até a data, *Actual Cost* (AC). Em termos de fórmula matemática:

$$CPI = EV / AC$$

---

[11] Em geral, a definição do estilo a ser utilizado na organização (0/100, 20/80 ou 50/50) para cálculo do *Earned Value* é uma das responsabilidades do PMO (*Project Management Office*). O PMO pode também optar pela medição do trabalho realizado nos projetos da organização por meio de processos e critérios diferentes dos mencionados.

Assim, o CPI será sempre um número positivo e representará quanto o projeto está obtendo para cada $1,00 de custo. Entenda-se o $1,00 como qualquer unidade monetária, como reais, dólares, euros etc. O objetivo de cada projeto é que o CPI seja igual ou superior a 1,00, pois indica que está igual ou melhor ao planejado. CPIs acima de $1,00 são extremamente favoráveis, pois indicam que "está se obtendo mais valor agregado com custos menores". Por outro lado, CPIs abaixo de 1,00 são desfavoráveis, pois representam que os gastos excedem os valores obtidos no projeto, por exemplo, um CPI de 0,77 indica que para cada $1,00 despendido, realiza-se um trabalho ou esforço equivalente a $0,77. [12]

Exemplo: um projeto tinha um trabalho com custo planejado em $500. Se o Gerente de Projetos conseguiu realizá-lo gastando somente $400, o CPI é de 1,25; no entanto, se tivesse gastado $550, o CPI seria 0,91. Dessa forma, somando-se o EV (*Earned Value*) de todos os trabalhos iniciados ou já encerrados, e obtendo-se o AC (*Actual Cost*) de todos os valores despendidos (trabalhos em andamento ou concluídos), poder-se-á calcular o CPI (*Cost Performance Index*) do projeto, em qualquer momento de sua execução.

Pode-se calcular o CPI de um período ou acumulado do projeto desde seu início até a data da medição, o que é mais adequado, pois a última foto é a que efetivamente prevalece para acompanhamento e monitoração, indicando a tendência estabelecida para o futuro.

A criação de tabelas e gráficos, como o apresentado nas Figuras 4.12, 4.13 e 4.14, fornecem informações visuais sobre o desempenho de custos no projeto, permitindo inclusive que se registre como *lessons learned* as causas das melhorias obtidas e das quedas ocorridas.

Período	PV (valor planejado)	EV (valor ganho)	AC (custos incorridos)	CV (variação de custos)	CPI (indicador de desempenho de custos)
1	1.000	300	400	–100	0,75
2	1.000	100	50	50	2,00
3	1.000	150	110	40	1,36
4	1.000	150	160	–10	0,94
5	1.000	150	90	60	1,67

Figura 4.12 – Exemplo de CPI de um projeto – por período.

---

[12] TERRIBILI FILHO, Armando. A escolha dos indicadores de desempenho de projetos. *Qualimetria*, São Paulo, v. 213, p. 58-59, maio 2009.

Período	PV (valor planejado)	EV (valor ganho)	AC (custos incorridos)	CV (variação de custos)	CPI (indicador de desempenho de custos)
6	1.000	50	110	−60	0,45
7	1.000	100	170	−70	0,59
		1.000	1.090	−90	

Figura 4.12 – Exemplo de CPI de um projeto – por período *(continuação)*.

Período	PV (valor planejado)	EV (valor ganho)	AC (custos incorridos)	CV (variação de custos)	CPI (indicador de desempenho de custos)
1	1.000	300	400	−100	0,75
2	1.000	400	450	−50	0,89
3	1.000	550	560	−10	0,98
4	1.000	700	720	−20	0,97
5	1.000	850	810	40	1,05
6	1.000	900	920	−20	0,98
7	1.000	1.000	1.090	−90	0,92

Figura 4.13 – Exemplo de CPI de um projeto – acumulado.

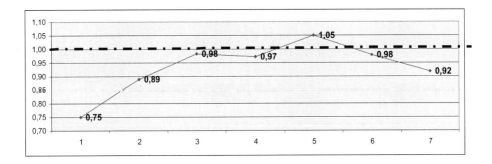

Figura 4.14 – CPI acumulado (representação gráfica).

O projeto foi concluído com CPI = 0,92, representando que gastou mais que o esperado. Os CPIs por período apresentados na Figura 4.12 têm pouca representatividade, em função de possíveis e significativas oscilações, decorrentes da modalidade estabelecida para o "valor ganho". O

CPI acumulado (Figura 4.13) é o mais realista, pois consegue identificar que o projeto teve um início ruim (CPI = 0,75), obtendo significativas melhorias até o final do Período 5, quando o CPI atingiu o valor de 1,05 (superando o *target* de 1,00); contudo, nos dois períodos seguintes, teve uma degradação no desempenho, caindo para 0,98 e fechando em 0,92, na medição realizada no Momento 7.

Faixas de normalidade do CPI – Embora o CPI seja um indicador de mercado, não há um padrão definido para atribuir *rating* de verde, amarelo ou vermelho, pois isto depende de critérios de cada empresa. Por exemplo, algumas empresas podem optar por atribuir o *rating* verde para quando o CPI for igual ou superior a 1,00; amarelo, se estiver entre de 0,90 e 1,00; e, vermelho se for inferior a 0,90. Outras empresas podem optar por trabalhar com dois únicos *ratings*: verde (igual ou superior a 1,00) e vermelho (se for inferior a 1,00). Isto por que para algumas empresas, qualquer desvio do orçamento pode ser crítico para a continuidade de seus projetos, enquanto que para outras organizações, pode haver algum nível de tolerância nas variações entre os custos orçados e valores despendidos.

4.4.1 Cálculo do ETC com base no CPI

O *Estimate to Complete* (ETC), que é o custo necessário para completar o que falta em um trabalho ou projeto, é calculado pelo Gerente do Projeto, por meio do plano de trabalho, conforme discutido no início deste capítulo. Todavia, há outra possibilidade para cálculo do ETC tendo por base o CPI (*Cost Performance Index*). Por isso se pode calcular o ETC considerando-se que o CPI se mantenha com o último valor acumulado apurado.

Exemplo: imagine que o Diretor de Projetos receba um quadro resumo de um dado projeto com as seguintes informações: PV= $1.000; EV=$220; AC=$880 e ETC=$120.

a) **Interpretação**: um projeto planejado para $1.000, já gastou $880 (AC) e só se conseguiu ter como valor ganho (EV) o total de $220. O Gerente de Projetos indica que gastará mais $120 para concluir todos os trabalhos do projeto (ETC). Assim, o EAC (que é a soma de ETC e AC) do projeto é $1.000, indicando que o projeto será encerrado exatamente dentro do orçamento previsto.

b) **Questionamento**: considerando que o CPI do projeto é 0,25 (decorre de EV / AC, que numericamente é $220 / $880), o Diretor de Projetos pode se sentir desconfortável com a informação do ETC do Gerente de Projetos, pois até o momento, para cada $1,00 gasto no projeto, só se obteve $0,25 de valor ganho ou valor agregado. Assim, o Diretor de Projetos pode indagar se com $120 (ETC informado), o Gerente de Projetos conseguirá obter $780 de valor ganho (vem de $1.000 - $220).[13]

c) **Cálculo do ETC com base no CPI (obtido até a data)**: utilizando-se a fórmula apresentada a seguir, obtém-se como valor de ETC o montante de $3.120.

$$ETC = (PV/CPI) - AC$$

d) **Conclusão**: embora o ETC informado pelo Gerente de Projetos com base no plano de trabalho, que é periodicamente e consistentemente revisado, seja a informação mais precisa, o ETC calculado pelo CPI (desempenho de custos até o momento) pode se transformar em útil instrumento que fornece "pistas" para análise e validação. É importante notar que a informação de ETC fornecida pelo Gerente de Projetos era de $120, enquanto que pelo CPI o valor projetado foi de $3.120. Nesse caso, caberá ao Diretor de Projetos avaliar e discutir os porquês da elevada distorção com o Gerente do Projeto.

4.4.2 TCPI – um novo indicador de desempenho de custos

Por meio da quarta edição do PMBOK, edição 2008, o PMI (*Project Management Institute*) divulgou um indicador adicional para o gerenciamento de custos em projetos: o TCPI (*To-Complete Performance Index*).

O TCPI indica qual deve ser o CPI do trabalho restante para que o projeto seja concluído dentro do orçamento previsto ou dentro do EAC previsto, por isso, o TCPI é dado por duas fórmulas distintas. A primeira, pelo orçamento; e a segunda, pelo EAC.

---

[13] Isso representaria um salto de *performance* acima das expectativas do mais otimista profissional (CPI = 6,5!). Intencionalmente, este exemplo procurou evidenciar que as abordagens podem projetar valores significativamente distintos.

$$\text{TCPI} = (\text{PV} - \text{EV}) / (\text{PV} - \text{AC})$$

$$\text{TCPI} = (\text{PV} - \text{EV}) / (\text{EAC} - \text{AC})$$

Exemplo:

Um projeto com *Planned Value* (PV) de $1.000, que apresente a seguinte posição no momento da medição:
- EV (*Earned Value*) = $600;
- AC (*Actual Cost*) = $800;
- ETC (com base no plano de trabalho do Gerente de Projetos) = $250.

Aplicando-se as fórmulas, o TCPI com base no orçamento é 2,00 e com base no EAC é 1,60. Assim, para que o projeto seja entregue no valor planejado de $1.000 deverá ter para o trabalho restante TCPI = 2,00 e para ser entregue no EAC revisado que é $1.050 (provém de ETC + AC, ou seja, $250 + $800), deverá ter TCPI = 1,60. Em ambos os casos, os TCPIs podem ser considerados agressivos, considerando que até a data da posição, o projeto estava com CPI = 0,75 (decorre de EV / AC, que numericamente é $600 / $800).

É importante notar que só faz sentido calcular o TCPI para que o projeto seja concluído dentro do orçamento original se o *Actual Cost* (AC) for menor que o *Planned Value* (PV); caso contrário, trata-se de uma condição impossível de ser atingida, pois o total de custos incorridos já superou o valor planejado para o projeto.

4.5 Fórmulas – revisão geral

A Figura 4.15 ilustra três importantes conceitos na área de gestão de custos em projetos: o *Actual Cost* (AC), o *Estimate to Complete* (ETC) e o *Estimate at Completion* (EAC).

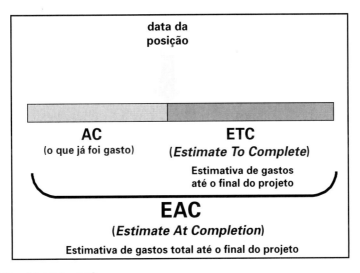

Figura 4.15 – AC, ETC e EAC.

$$EAC = ETC + AC$$

O ETC pode ser calculado de duas formas distintas:

a) Pelo plano de trabalho do projeto, com base nos custos que incorrerão nos trabalhos em andamento ou não-iniciados.

b) Pelo CPI, por meio da fórmula:

$$ETC = (PV / CPI) - AC$$

O CPI (*Cost Performance Index*) é calculado pela fórmula:

$$CPI = EV / AC$$

O CV (*Cost Variance*) é calculado pela fórmula:

$$CV = EV - AC$$

TCPI – cálculo pelo orçamento (*Planned Value*) – só aplicável se AC menor que PV

$$TCPI = (PV - EV) / (PV - AC)$$

TCPI – cálculo pelo EAC (*Estimate at Completion*)

$$TCPI = (PV - EV) / (EAC - AC)$$

5
Indicador de Desempenho de Prazos

5.1 Conceito

Aparentemente, avaliar um cronograma de projeto não parece algo complexo, pois se pode analisar atividade por atividade, atribuindo-se uma qualificação individual em "atividade em andamento", "atividade encerrada" e "atividade não-iniciada".[1]

Três questões surgem nesse cenário: a primeira é quanto às atividades em andamento, pois como foi abordado no capítulo anterior, é de relativa complexidade e incerteza determinar o percentual concluído de cada atividade que está em progresso. A segunda questão é determinar quanto representa cada atividade no projeto, considerando-se que uma mesma atividade pode ser realizada simultaneamente por diferentes profissionais com especializações diferentes e com quantidade de horas estimadas distintas para cada integrante. A terceira questão é como transformar o conjunto de atividades e situações descritas em um indicador de monitoração de prazo no projeto, cuja interpretação para o Gerente de Projetos seja simples, objetiva e aderente à realidade.

A resposta para as três questões apresentadas é o SPI (*Schedule Performance Index*), que é calculado a partir do *Earned Value* (EV) de cada atividade, conforme detalhado no capítulo anterior.

---

[1] É prática de mercado que uma atividade nunca supere 40 horas de trabalho, para facilitar o acompanhamento e gerenciamento. Se isso ocorrer, a atividade deve ser fracionada em outras menores, até que se atinja o patamar recomendado.

5.2 Cálculo e interpretação do SPI (*Schedule Performance Index*)

O SPI é calculado pelo quociente entre o *Earned Value* (EV) e o valor planejado no período analisado. Assim, o SPI será sempre um número positivo e representará a "velocidade" com a qual o projeto evolui. O objetivo de cada projeto é que o SPI seja no mínimo 1,0, pois indica que está avançando em velocidade igual ou superior àquela que foi planejada, em função do "valor ganho" no prazo analisado exceder o que havia sido previsto. Por exemplo, SPI = 1,15 representa que o projeto está progredindo em uma velocidade 15% acima da planejada. SPIs abaixo de 1,0 são desfavoráveis, pois indicam que há lentidão no projeto; por exemplo, um SPI de 0,88 indica que o projeto caminha abaixo do esperado, isto é, o "valor ganho" no prazo está 12% abaixo do previsto.

Assim como o CPI, o SPI pode ser calculado para um período específico ou acumulado do início até a data da medição. Em geral, utiliza-se o SPI do período acumulado, pois determina a situação real do projeto desde o seu início até a data da medição.[2]

$$SPI = EV / PV$$

5.2.1 Exemplo de cálculo de SPI

Na Figura 5.1 é apresentado um sumário do plano financeiro do projeto com quatro atividades: M, N, P e Q. Os valores despendidos são até o final do mês 1 (quando foi efetuada a medição). O valor do EV (*Earned Value*), apresentado à direita, foi calculado com base no percentual da atividade realizado e no valor total planejado. Assim, para a Atividade M, o EV = $100 (100% de $100); para a Atividade N é $ 100 (50% de

---

[2] **Faixas de normalidade do SPI** – Embora o SPI seja um indicador de mercado, não há um padrão definido para atribuir *rating* de verde, amarelo ou vermelho, pois isto depende de critérios de cada empresa. Por exemplo, algumas empresas podem optar por atribuir o *rating* verde para quando o SPI for igual ou superior a 1,0; amarelo, se estiver entre de 0,9 e 1,0; e, vermelho se for inferior a 0,9. Outras empresas podem optar por trabalhar com dois únicos *ratings*: verde (igual ou superior a 1,0) e vermelho (se for inferior a 1,0). Isto por que para algumas empresas, qualquer desvio do prazo pode ser crítico para os projetos, enquanto que para outras organizações, pode haver algum nível de tolerância de atrasos nos prazos.

$200); para a Atividade P é $75 (25% de $300) e para a Atividade Q é zero, pois esta ainda não foi iniciada.

Então, ao final do mês 1, tem-se **SPI = 1,1** (vem de $275 / $250, representando respectivamente, o *Earned Value* até a data e o valor planejado para o mês 1). O SPI de 1,1 representa que o projeto progride com velocidade 10% superior à planejada originalmente.

Data da medição: final do mês 1							
Atividade	Situação da atividade	Planejado mês 1	Planejado mês 2	Planejado mês 3	Total do valor planejado ($)	Despendido no mês 1 (AC = *Actual Cost*)	EV *(Earned Value)*
M	concluída (100%)	100	0	0	100	120	100
N	em andamento (50%)	60	60	80	200	120	100
P	em andamento (25%)	90	90	120	300	100	75
Q	não-iniciada (0%)	0	0	100	100	0	0
	Total	250	150	300	700	340	275

Figura 5.1 – Exemplo de SPI (projeto até final do mês 1).

No final do segundo mês foi realizada uma nova medição, e obtiveram-se os valores apresentados na Figura 5.2. Como se pode observar, o *Earned Value* passou para $480, relativo à soma de $100 da Atividade M (concluída), $200 da Atividade N (concluída), $150 da Atividade P (50% de $300) e $30 da Atividade Q (30% de 100).

Então, ao final do mês 2, tem-se **SPI = 1,2** (vem de $480 / $400, representando, respectivamente, o *Earned Value* até a data e a soma dos valores planejados acumulados para os meses 1 e 2). O SPI de 1,2 mostra que a evolução do projeto tem velocidade 20% superior à planejada. É importante notar que o PV é o valor acumulado nos dois períodos, ou seja, $400 ($250 do PV do mês 1 acrescidos dos $150 do PV do mês 2).

Data da medição: final do mês 2							
Atividade	Situação da atividade	Planejado mês 1	Planejado mês 2	Planejado mês 3	Total do valor planejado ($)	Despendido nos meses 1 e 2	EV *(Earned Value)*
M	concluída (100%)	100	0	0	100	120	100
N	concluída (100%)	60	60	80	200	250	200
P	em andamento (50%)	90	90	120	300	180	150
Q	em andamento (30%)	0	0	100	100	50	30
	Total	250	150	300	700	600	480

Figura 5.2 – Exemplo de SPI (projeto até final do mês 2).

No final do terceiro mês foi realizada uma outra medição, e obtiveram-se os valores apresentados na Figura 5.3. Como se pode observar, o *Earned Value* passou para $630, relativo à soma de $100 da Atividade M (concluída), $200 da Atividade N (concluída), $270 da Atividade P (90% de $300) e $60 da Atividade Q (60% de 100).

Então, ao final do mês 3, tem-se **SPI = 0,9** (vem de $630 / $700, representando respectivamente, o *Earned Value* até a data e a soma dos valores planejados acumulados para os meses 1, 2 e 3).

Data da medição: final do mês 3							EV *(Earned Value)*
Atividade	Situação da atividade	Planejado mês 1	Planejado mês 2	Planejado mês 3	Total do valor planejado ($)	Despendido nos meses 1, 2 e 3	
M	concluída (100%)	100	0	0	100	120	100
N	concluída (100%)	60	60	80	200	250	200
P	em andamento (90%)	90	90	120	300	250	270
Q	em andamento (60%)	0	0	100	100	80	60
	Total	250	150	300	700	700	630

Figura 5.3 – Exemplo de SPI (projeto até final do mês 3).

Pode-se concluir que ao final do primeiro mês com SPI = 1,1, o projeto evoluía com 10% da velocidade acima da planejada. Ao final do mês 2, a situação de prazos melhorou ainda mais, pois o projeto passou a ter SPI = 1,2 (20% acima do planejado); entretanto, ao final do terceiro mês, o SPI caiu para 0,9 demonstrando atraso de 10% em relação ao planejado. Isso é notório, pois o terceiro mês já se encerrou e o projeto ainda não (faltam 10% restantes da Atividade P e 40% da Atividade Q).

5.2.2 SPI com validade somente durante a execução do projeto

O SPI tem validade para monitoração dos prazos, mas não como índice do resultado final de desempenho de prazos de projetos concluídos com atraso, pois, quando de sua conclusão, o SPI acumulado será sempre 1,0.

Caso se queira registrar um indicador final de prazos em *lessons learned*, basta calcular o quociente entre o prazo original pelo prazo final do projeto. Por exemplo, se um projeto estimado para ser realizado em três meses, foi concluído em cinco, para efeito de registros históricos, deve ser considerado o índice final de 0,6.

5.2.3 SPI independe do CPI

O SPI não tem vínculo algum com o AC (*Actual Cost*), que representa quanto se gastou até a data da medição. No exemplo apresentado nas Figuras 5.1, 5.2 e 5.3, ao final do primeiro mês, o CPI era 0,81 (decorrente de EV / AC, que numericamente é $275 / $340; no mês 2 era 0,80 (vindo de $480 / $600) e no mês 3 era 0,90 (proveniente de $630 / $700). É curioso observar que no final do terceiro mês, o desempenho de prazos no projeto degradava (passava do mês 2 de 1,2 para 0,9 no terceiro mês) e o custos melhorava (passava de 0,80 para 0,90).

5.2.4 SPI para projeção de prazos

O SPI pode ser usado para projeção de prazo para conclusão do projeto. Assim como o CPI pode ser utilizado para cálculo do EAC (com todas as incertezas que isto possa trazer), o SPI também poderia ser utilizado para estimativa do prazo total, pela fórmula:

> **Prazo total estimado = Prazo original / SPI** [3]

Analisando-se o exemplo do projeto apresentado nas Figuras 5.1, 5.2 e 5.3, que tinha duração inicialmente planejada de três meses:

- ao final do mês 1, como o SPI era igual a 1,1, então, a projeção de prazo para o encerramento do projeto apontava 2,7 meses (vem de 3 / 1,1);
- ao final do mês 2, com a melhoria do SPI para 1,2, o prazo estimado para o projeto ao final do segundo mês ficou reduzido para 2,5 meses (vem de 3 / 1,2);
- ao final do terceiro mês (o projeto ainda não havia sido concluído) e como SPI era de 0,9, então, a projeção de prazo era 3,3 meses (vem de 3 / 0,9), ou seja, as variações de prazo apresentaram-se positivas até o final do segundo mês (o SPI era maior que 1) e negativa ao final do terceiro mês (SPI menor que 1).

---

[3] **Projeção de prazo com base no SPI é imprecisa** – Embora a projeção de prazo pelo SPI forneça uma estimativa de prazo para conclusão do projeto, é importante ressaltar que o Caminho Crítico do projeto (conjunto de atividades que não pode atrasar, ou seja, atividades sem margem de atraso) e a dependência entre as atividades do projeto devem ser considerados no estudo pelo gerente do projeto.

5.3 *Schedule Variance*

O *Schedule Variance* (SV) monitora a variação de "valor ganho" no projeto no período analisado, sendo calculado como sendo a diferença entre o *Earned Value* (EV) e o *Planned Value* do período (PV).

$$SV = EV - PV$$

No exemplo mostrado nas Figuras 5.1, 5.2 e 5.3, o SV era respectivamente $25 (decorre de $275 – $250), $80 (vem de $480 – $400) e –$70 (pois o EV era $630 e o PV até o final do mês 3 era $700).

5.4 Visão consolidada: CPI e SPI

O CPI mostra o desempenho de custos no projeto e o SPI, o de prazos. Como ambos têm como *target* o valor 1,0 ou superior, pode-se apresentar um resumo consolidado de interpretação dos indicadores e uma visão combinada de ambos, conforme Figuras 5.4 e 5.5, respectivamente.

CPI > ou = 1	Projeto vai bem em termos de custos
CPI < 1	Projeto vai mal em termos de custos
SPI > ou = 1	Projeto vai bem em termos de prazos
SPI < 1	Projeto vai mal em termos de prazos

Figura 5.4 – Tabela resumo de interpretação de CPI e SPI.

Como o Projeto 1 apresenta CPI = 0,8 e SPI = 0,3, isso representa que está gastando mais que o planejado (para cada $1 gasto, obtém-se $0,8 de valor realizado) e está com velocidade aquém da planejada (30%). Os projetos situados no Quadrante I são os projetos com CPI < 1,0 (gastadores ou desperdiçadores) e SPI < 1,0 (lentos).

O Projeto 2 apresenta CPI = 0,25 e SPI = 1,7, representando gastar bem mais que o planejado (para cada $1 gasto, obtém-se $0,25 de valor realizado), porém com rápida evolução (70% acima da velocidade planejada). Dessa forma, os projetos situados no Quadrante II têm CPI < 1,0 (gastadores ou desperdiçadores) e SPI > 1,0 (velozes).

Já o Projeto 3 apresenta CPI = 1,5 e SPI = 0,6, representando gastar menos que o previsto (para cada $1 gasto, obtém-se $1,50 de valor realizado); entretanto, trata-se de um projeto que está com velocidade abaixo da prevista (60%). Os projetos situados no Quadrante III são os que têm CPI > 1,0 (econômicos ou poupadores) e SPI < 1,0 (lentos).

O Projeto 4 tem situação invejável, pois tem CPI = 1,3 e SPI = 1,5, representando gastar menos que o previsto (para cada $1 gasto, obtém-se $1,3 de valor realizado) e ser um projeto veloz, estando com velocidade 50% superior à planejada. Os projetos que se situam no IV Quadrante (destacado pelo hachurado na figura) são os que têm CPI > 1,0 (econômicos ou poupadores) e SPI > 1,0 (velozes).

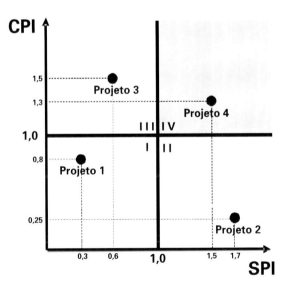

Figura 5.5 – Visão consolidada entre os indicadores CPI e SPI.[4]

---

[4] Adaptado de CARVALHO, Marly M.; RABECHINI Jr., Roque. *Construindo competências para gerenciar projetos: teoria e casos*. São Paulo: Atlas, 2006. p. 200.

6
Indicador de Gestão de Riscos (IGR)

6.1 Riscos

A maior ilusão que um Gerente de Projetos pode ter é considerar que na execução do projeto não ocorrerão exceções, que nada sairá fora do que foi planejado: prazos, custos ou qualidade. Nesse caso, adota-se (equivocadamente) a premissa que riscos inexistem.

Risco representa um evento que pode ou não ocorrer em um projeto, entretanto, caso se torne realidade trará impactos ao projeto, em termos de custos, prazos, qualidade ou satisfação do usuário. Os riscos podem ter sua origem na área de Recursos Humanos, como: perda de profissionais-chave no projeto, atrasos no processo de contratação de mão de obra, verba para treinamento e capacitação não-aprovada, subcontratação planejada no plano do projeto não-autorizada pela organização devido à sua situação atual de fluxo de caixa etc. Os riscos podem também ter sua origem em alterações de preços (passagens aéreas, hotéis, aluguéis de veículos etc.), na variação cambial, no custo emergencial para adequar a voltagem elétrica em um *stand* em uma feira internacional etc.

Todo risco, diante de suas características, do impacto que pode causar ao projeto e da probabilidade de ocorrência, deve ter uma abordagem específica. Estes dois fatores (impacto e probabilidade) determinam o grau de severidade de um risco. Assim, os riscos previstos podem ser gerenciados por meio de abordagens já conhecidas, como: evitar o risco (*avoidance*), reduzir o impacto ou a probabilidade de ocorrência (*mitigation*), contratar um seguro para o risco (*transference*) e elaborar planos de contingência, os quais são disparados caso os riscos se tornem realidade (*acceptance contingency*). Há também o *acceptance passive*, que representa que para o risco identificado nada será feito, assim o risco é aceito sem nenhuma providência prévia para reduzir a probabilidade de ocorrência, para reduzir o impacto ou para elaborar planos contingenciais, caso se torne realidade.

Gerenciar riscos não é tarefa fácil para o Gerente de Projetos, sobretudo porque é algo dinâmico, pois novos riscos podem ser identificados em tempo de execução do projeto e outros podem deixar de existir.

6.2 Plano de gestão de riscos

Muito mais que um aspecto documentacional, um Plano de Gestão de Riscos representa os possíveis fatores impactantes no projeto, para os quais cabe ao Gerente de Projeto identificar, avaliar, quantificar, atribuir prioridade e agir. Se mesmo com um plano bem elaborado há possibilidade de ocorrerem riscos não-previstos, pode-se imaginar o que pode acontecer sem ele. Pode-se dizer que o Plano de Gestão de Riscos elimina o caos de um projeto.

Os projetos mais complexos ou extremamente críticos podem ter um Gerente de Riscos dedicado exclusivamente ao gerenciamento dessa matéria.

Cada empresa tem um padrão para seu Plano de Gestão de Riscos, embora muitas não o tenham. A situação ideal é que o Plano de Gestão de Riscos de um projeto fosse revisado diariamente pelo Gerente do Projeto, no entanto, sabe-se que nem sempre isso é possível. De qualquer modo, ressalta-se que a revisão com frequência preestabelecida (por exemplo, semanal ou quinzenal) é essencial para a efetiva gestão dos riscos no projeto. Um Plano de Gestão de Riscos deve conter minimamente, para cada risco identificado:

a) Identificação do risco
b) Título do risco
c) Descrição do risco
d) Tipo do risco
e) Data de inclusão
f) Probabilidade
g) Impacto
h) Severidade

i) Prioridade
j) Abordagem
k) *Status*
l) Data de encerramento
m) Responsável
n) Observações
o) Data da última atualização

a) Identificação do risco: representa um número sequencial e único no projeto, que identifica o risco de modo singular. Pode ser precedido do prefixo "Risc", por exemplo. Assim, tem-se: Risc #001, Risc #002, Risc #003.
b) Título do risco: um pequeno texto que identifica o risco, por meio da utilização de algumas palavras-chave.
c) Descrição do risco: o detalhamento de forma clara e completa.
d) Tipo do risco: deve ser explicitada a causa do risco, que pode ser: recursos humanos, materiais, infraestrutura, qualidade, tecnologia etc. Há casos em que um risco tem mais de uma causa, por isso, recomenda-se que se coloque todas associadas àquele risco.
e) Data de inclusão: representa a data na qual o risco foi identificado e incluído no plano.
f) Probabilidade: é o percentual que indica a probabilidade do risco se tornar realidade. Não há fórmula para efetuar seu cálculo, pois depende muito da experiência e intuição do Gerente de Projetos e equipe. Recomenda-se quando a probabilidade for 50% ou superior a isso, que o projeto já considere o risco como realidade, incluindo seu impacto em termos de custos e prazos no projeto. A probabilidade de um risco não é fixa durante todo o projeto, pois há fatores e ações que podem reduzir ou aumentar a probabilidade em um dado momento, por isso, esse percentual necessita de revisão constante.[1]
g) Impacto: representa o impacto do risco (custos e prazos) caso se torne realidade; é um outro item também complexo para ser cal-

---

[1] Para cálculo da probabilidade de um risco, além da experiência profissional e intuição do Gerente de Projetos e equipe, recomenda-se que se consultem as *lessons learned* (lições aprendidas) de projetos similares anteriormente desenvolvidos na organização. A realização de reuniões com a equipe de projetos, utilizando *brainstormings*, pode trazer maior nível de precisão para a apuração de estimativas, considerando-se o somatório de experiências e *background* dos integrantes.

culado, não existindo fórmula matemática ou algoritmo específico. Nesse caso, duas características são essenciais para a qualidade da avaliação: primeira, a vivência profissional e *background* do Gerente de Projetos e equipe; e segundo, o debate minucioso e criterioso do impacto no plano do projeto existente.[2]

h) Severidade: é resultante da probabilidade do risco e de seu impacto. Usualmente, se trabalha com o produto desses dois itens. Em geral, é com base nesse resultado que se determina a prioridade para atuar sobre o risco, atribuindo-se maior prioridade para os riscos com maior severidade.

i) Prioridade: é a prioridade atribuída ao risco. Quanto maior prioridade, maior empenho e atenção para o risco. Em geral, a prioridade é diretamente proporcional à severidade.

j) Abordagem: como mencionado no início deste capítulo, para cada risco pode existir uma abordagem distinta: eliminar o risco (*avoidance*), reduzir o impacto ou a probabilidade (*mitigation*), contratar um seguro para o risco (*transference*), elaborar planos de contingência, disparado somente se o risco se tornar realidade (*acceptance contingency*) e aceitar o risco sem fazer algo (*acceptance passive*).

k) *Status*: aberto ou fechado. Um risco pode ser "fechado" por deixar de existir ou em função de resultados de ações que foram realizadas no projeto que o eliminaram.

l) Data de encerramento: data em que o risco foi fechado.

m) Responsável: é o "dono do risco", o responsável por atuar naquele item. Não é necessariamente o Gerente do Projeto, pois pode ser um integrante da equipe ou profissional de outra área. Nesse caso, o responsável pelo risco deve ser constantemente indagado acerca das estratégias e ações em curso.

n) Observações: para registro de alternativas e ações já identificadas, planos já elaborados, dados históricos, evolução das ações etc.

o) Data da última atualização: é o registro da data em que a última atualização foi feita pelo Gerente do Projeto ou pelo Gerente de Riscos. Quando da revisão do Plano de Gestão de Riscos, todos os itens, incluindo-se sobretudo, probabilidade, impacto, abordagem e *status* devem ser atualizados. É oportuno que a revisão seja efetuada

---

[2] Quando da identificação e qualificação de riscos, antes da sua quantificação monetária, é usual atribuir para "impacto" os valores: 5 (muito alto), 4 (alto), 3 (moderado), 2 (baixo) ou 1 (muito baixo).

pelo Gerente do Projeto ou Gerente de Riscos com a participação dos mais experientes profissionais que integram a equipe do projeto. Caso esses profissionais estejam geograficamente dispersos pode-se utilizar a Técnica Delphi.[3]

6.3 Exemplo de um plano de gestão de riscos

Nas Figuras 6.1 e 6.2 é apresentado um Plano de Gestão de Riscos (parcial) para um projeto voltado a empresas brasileiras que atuam no setor de brindes para participar de uma feira internacional em Bruxelas, com criação de um *stand* próprio.

Identificação	Título	Descrição	Tipo do Risco	Data de Inclusão	Probabilidade	Impacto ($'000)	Severidade ($'000)
Risc #001	Dimensões do *stand* fora dos padrões	Espaço para construção do *stand* pode ficar acima do planejado	Infraestrutura	29/06/2009	10%	70	7
Risc #002	Mão de obra para construção do *stand*	Ainda não há profissionais identificados e credenciados na Bélgica para construção do *stand*	Recursos Humanos e Qualidade	30/06/2009	30%	40	12
Risc #003	Passagens aéreas na classe turística	Dificuldades em encontrar passagens aéreas na classe turística para equipe de expositores	Logística	30/06/2009	0%	20	0
Risc #004	Dificuldades para reservas em hotel	Evento concorrente no período na cidade pode trazer dificuldades nas reservas de hotel	Recursos Humanos e Logística	16/07/2009	20%	20	4
Risc #005	Variação cambial constante	Câmbio do euro frente ao real tem variado nos últimos meses	Estimativas	16/07/2009	5%	50	2,5
						200,0	25,5

Figura 6.1 – Exemplo de plano de gestão de riscos (parte 1 de 2).

---

[3] Técnica Delphi é utilizada para se obter consenso sobre um determinado assunto de forma anônima. Um facilitador (Gerente de Projeto, por exemplo) solicita opiniões aos especialistas no assunto que fazem parte de sua equipe. Ao receber as respostas, consolida-as e as reencaminha novamente, a fim de obter novas opiniões. Após algumas rodadas, o consenso é obtido de forma anônima, no qual todos participam e não há vieses autoritários, eliminando a influência que uma pessoa poderia exercer sobre outra.

Identificação	Prioridade	Abordagem	Status	Data de Encerramento	Responsável	Observações
Risc #001	2	*Acceptance contigency*	Aberto		Gerente de contatos internacionais	Plano em desenvolvimento pelo engenheiro local
Risc #002	1	*Mitigation*	Aberto		Gerente do Projeto	
Risc #003		*Mitigation*	Fechado. Reservas efetuadas com sucesso	04/08/2009	–	
Risc #004	3	*Avoidance*	Aberto		Gerente do Projeto	Alternativa: reservas em hotel em cidades próximas com aluguel de veículo para transporte
Risc #005	4	*Acceptance passive*	Aberto		Gerente do Projeto	

Figura 6.2 – Exemplo de plano de gestão de riscos (parte 2 de 2).

6.4 Cálculo do valor da contingência

O valor da contingência deve ser criteriosamente calculado com base nos riscos identificados para o projeto; contudo, algumas empresas adotam um percentual preestabelecido (5%, 8% ou 10%) sobre o total de custos estimados no projeto como valor da contingência.

Há alguns métodos para apuração do valor da contingência. Um deles é por meio da esperança matemática, que representa o somatório dos produtos entre probabilidade do risco ocorrer pelo impacto financeiro que pode causar ao projeto para cada um dos riscos identificados, ou melhor, é a severidade financeira do Plano de Gestão de Riscos (Figura 6.1). Por exemplo: se em um projeto há o risco de atrasar a contratação de um profissional de comunicação, trazendo um impacto de $40 mil ao projeto em função do não-cumprimento pontual do processo de divulgação – com probabilidade de 10% –, então a contingência para este risco deveria ser de $4 mil. Evidentemente que o impacto financeiro (os $40 mil) pode ser calculado com razoável nível de precisão, entretanto, a probabilidade (os 10%) é algo mais intuitivo, com base na experiência dos profissionais que identificaram o risco, o qualificaram e quantificaram-no.

O montante final da contingência, que é o somatório da verba estimada para cada risco, suporta os custos (ou parte) dos riscos que se tornam realidade no transcorrer do projeto. O maior problema é relativo aos riscos não-previstos (desconhecidos) que surgem de repente, sem prévio aviso e que podem causar danos consideráveis ao projeto. Pela Figura 6.1, o valor da contingência seria de $25.500,00, que decorre de $7.000,00 + $12.000 + $4.000 + $2.500, conforme conteúdo da coluna "Severidade ($000)".

Há outras possibilidades para o cálculo da contingência, uma delas é utilizar a análise de árvores de decisão que descreve a situação que se está considerando e as implicações em se escolher uma ou outras das alternativas disponíveis. De qualquer modo, alguns autores recomendam que o valor da contingência para projetos junto a clientes seja o dobro do valor apurado pelo processo de esperança matemática (somatório dos produtos de probabilidade por impacto, de cada risco) e que esteja com um valor mínimo de 25% a 50% do somatório dos impactos financeiros. De acordo com a Figura 6.1, a contingência segundo esse critério deveria ser $51.000 e estaria no padrão sugerido de 25% a 50% dos $200.000,00.[4 e 5]

Gerenciar riscos é algo complexo para o Gerente de Projetos, sobretudo porque é uma gestão dinâmica, pois novos riscos são identificados em tempo de execução do projeto, as probabilidades e o impacto dos riscos se alteram com frequência. No entanto, há uma certeza: trabalhar com quantificação financeira de riscos utilizando algum critério sólido propicia um gerenciamento mais profissional, seguro e preciso que trabalhar com os convencionais 5%, 8% ou 10% do valor total do projeto.[6]

---

[4] DÍAZ MARTIN, Ángel. *El arte de dirigir proyectos*. 2. ed. México, D.F.: Alfaomega, 2007. p. 374–376.
[5] A prática proposta pelo autor mencionado refere-se a projetos realizados por empresas de serviços junto a clientes, isso representa que é uma abordagem recomendada para empresas prestadoras de serviços que "vendem" projetos (empresas de consultoria, de engenharia, *software houses*, empresas que organizam eventos para terceiros, entre outras).
[6] TERRIBILI FILHO, Armando. Gestão de custos e de riscos em projetos. *Qualimetria*, São Paulo, v. 215, p. 72–73, julho 2009.

6.5 Cálculo do IGR – Indicador de Gestão de Riscos

Não há um indicador específico de mercado que avalie a gestão de riscos em projetos. Assim, recomenda-se que a organização desenvolva seu próprio indicador com base em suas particularidades e cultura estabelecida nessa área. Para criação de indicador próprio, consulte o Capítulo 7 – Criando seu próprio indicador de monitoração de projetos.

Na Figura 6.2 é apresentado um exemplo de um Indicador de Gestão de Riscos (IGR), que tem por base um questionário que deve ser respondido por profissional do PMO (*Project Management Office*) ou pelo próprio Gerente de Projeto. Nesse exemplo, o questionário aborda questões não somente do projeto em si, mas também, da organização, uma vez que a área de riscos é parte integrante da governança da organização. O questionário é composto por afirmativas para as quais, o respondente deve atribuir sua intensidade de concordância em: concordo totalmente, concordo, discordo e discordo totalmente.[7]

PROJETO	Concordo Totalmente	Concordo	Discordo	Discordo Totalmente
1. Para o projeto foi criado um Plano de Gestão de Riscos				
2. O Plano de Gestão de Riscos é atualizado criteriosamente e de forma periódica				
3. Todos os riscos identificados têm um responsável associado				
4. Em geral, a prioridade para os riscos é atribuída em função do grau de severidade que é apurado				
5. Alguns riscos já têm plano de contingência estabelecido, caso se tornem realidade				
6. O Plano de Gestão de Riscos é atualizado com base na experiência de outros integrantes do projeto além do gerente				
7. O valor da contingência para o projeto foi calculado com base no Plano de Gestão de Riscos				
ORGANIZAÇÃO				
8. Há registros disponíveis de "*lessons learned*" de projetos (registros em documentos ou sistemas)				
9. A área de riscos do projeto é alvo de avaliação periódica pelo PMO ou auditoria				
10. Há governança de riscos, com cultura já disseminada na organização				

Figura 6.3 – Questionário para apuração do IGR.

---

[7] ESCALA DE LIKERT. É assim denominada em homenagem a seu criador Rensis Likert (1903-1981) que foi sociólogo, educador e psicólogo organizacional norte-americano. Trata-se de uma escala de classificação amplamente utilizada, que permite ao respondente, expressar com relativa facilidade, a intensidade de sua opinião, dentro dos limites das opções em relação a cada afirmação apresentada. A escala de intensidade de opinião, atualmente conhecida como Escala de Likert foi produto de sua tese de doutorado. Além das opções concordo totalmente, concordo, discordo e discordo totalmente, pode-se incluir uma opção intermediária "indiferente", porém, muitos pesquisadores recusam-na, pois se torna uma válvula de escape para que o respondente não se posicione acerca do item.

6.5.1 Cálculo do IGR – parte 1 (questões do projeto)

Para as questões de 1 a 7, que são relativas ao projeto em si, deve ser atribuído 10 pontos para cada resposta "concordo totalmente", 8 pontos para cada "concordo", 1 ponto para cada "discordo" e 0 para cada "discordo totalmente". Essa atribuição de ponto distinta para "discordo" (1 ponto) e "discordo totalmente" (0 ponto), embora subjetiva, é proposta no cálculo do IGR, pois uma resposta "discordo totalmente" representa que este item passa "ao largo" das preocupações gerenciais com o projeto. Dessa forma, a pontuação total obtida estará na faixa compreendida entre 0 e 70 pontos. Para as eventuais questões cuja resposta é "não se aplica" a este projeto, deve ser atribuído 10 pontos para cada uma delas.

6.5.2 Cálculo do IGR – parte 2 (questões da organização)

As questões de 8 a 10 medem a cultura da organização quanto à área de riscos, por isso, quanto mais intensa for a cultura, maior deve ser a exigência para o projeto e para a atuação do Gerente de Projeto nessa área. Dessa forma, deve-se atribuir a pontuação: 2 pontos para respostas com "concordo totalmente" e 1 para "concordo". Os itens com respostas "discordo" e "discordo totalmente" não devem ser pontuados. O valor apurado oscilará entre 0 e 6. A pontuação obtida indicará o fator de correção do IGR.[8]

- Total de 5 ou 6 pontos – maturidade em gestão de riscos – índice de correção de 0,143;
- Total de 2, 3 ou 4 pontos – semi-maturidade em gestão de riscos – índice de correção de 0,150;
- Total de 0 ou 1 ponto – fase inicial em gestão de riscos – índice de correção de 0,157.

O fator de correção do IGR foi criteriosamente definido e procura adequar a pontuação obtida às características da organização quanto

---

[8] Para os casos de empresas de consultoria, de serviços ou de engenharia que prestam serviços em clientes, a avaliação das questões 8 a 10 deve ser da empresa prestadora de serviço, tomando-se por base sua cultura empresarial, metodologia e procedimentos.

à cultura de riscos; assim, quanto mais amadurecida for a organização quanto a esse tema, maior deve ser a exigência de gestão dos mesmos no desenvolvimento de projetos. Assim, os índices 0,143, 0,150 e 0,157 foram determinados a fim de propiciar um indicador compatível com o Plano de Gestão de Riscos do projeto e o nível de permeabilidade da cultura de riscos existente na organização. Os fatores propiciam uma correção aproximada de 5% e 10% dependendo da maturidade da organização.

6.5.3 Apuração final do IGR

Para apuração final do IGR, basta multiplicar a pontuação obtida nas sete questões acerca do projeto pelo índice de correção apurado de acordo com a pontuação obtida nas três questões sobre a organização, limitando-se o produto a 10,0 (dez). Exemplo: caso se tenha obtido 52 pontos nas questões sobre o projeto e 5 pontos nas questões sobre a organização, ter-se-ia:

IGR = Pontuação obtida nas questões de projeto * Índice de correção
IGR = 52 * 0,143 = 7,4

Nota: nesse exemplo, caso a organização apresentasse semi-maturidade na gestão de riscos (pontuação sobre a organização entre 2 e 4), o fator de correção seria 0,150, fazendo com que o IGR do projeto fosse 7,8. De forma análoga, caso a organização estivesse na fase inicial de gestão de riscos (pontuação 0 ou 1 nas questões sobre a organização), o fator de correção seria 0,157, elevando o IGR para 8,2.

6.5.4 Faixas de pontuação do IGR

- **Abaixo de 5,0** – Há pouca ou nenhuma atenção para os riscos do projeto. É urgente que se avalie cada uma das 7 questões do questionário com respostas com "discordo" e "discordo totalmente" para discussão com o patrocinador e equipe do projeto. Se possível, o PMO precisa ser envolvido neste projeto. *Rating*: vermelho.
- **Entre 5,0 e abaixo de 6,5** – Gestão de riscos ainda ruim no projeto; todavia, com algumas boas iniciativas em curso. As lacunas precisam ser revistas em sua totalidade. *Rating*: vermelho.

- **Igual ou superior a 6,5 e abaixo de 8,0** – Gestão de riscos com alguma estruturação, mas precisa melhorar. *Rating*: amarelo.
- **Igual a 8,0 ou superior** – Gestão de riscos efetiva no projeto, com Plano de Gestão de Riscos atualizado periodicamente, responsáveis identificados, com planos de contingência desenvolvidos ou valores devidamente contingenciados. *Rating*: verde.

7
Criando seu próprio Indicador de Monitoração de Projetos

7.1 Níveis hierárquicos da informação

Um projeto pode ser examinado de três formas distintas: monitoração, revisão e avaliação. A **Monitoração** é o acompanhamento amiúde do orçamento e cronograma no dia a dia do projeto frente aos *deliveries* planejados, realizando ajustes táticos, se necessário. A **Revisão** é um processo ocasional em que os vários aspectos relevantes de um projeto são indagados ao Gerente do Projeto, a fim de verificar a aderência da metodologia e das ferramentas utilizadas aos padrões definidos; em geral, isso é realizado pelo PMO (*Project Management Office*) ou PQO (*Project Quality Office*). Na **Avaliação** é efetuada a análise da efetividade do impacto do projeto frente aos objetivos; geralmente, a avaliação é realizada no final de uma fase do projeto, quando a seguinte está para ser iniciada, ou quando o projeto foi concluído.[1]

Nas três formas distintas de avaliação de projetos, os indicadores podem ser utilizados em várias dimensões: qualidade, custos, prazos, nível de aderência ao planejamento, desempenho da equipe, *turnover*, índices de satisfação dos usuários, entrega de insumos, enfim, os indicadores enviam "sinais" aos gerentes e executivos de projetos acerca da evolução dos mesmos, fornecendo "pistas" sobre eventuais áreas que exijam avaliação mais profunda e/ou intervenção.

---

[1] TERRY, Schimidt. *Strategic project management made simple: pratical tools for leaders and teams*. New Jersey: John Viley, 2009. p. 167–176.

Nem sempre os indicadores de mercado são suficientes para a gestão de projetos de sua organização, uma vez que poucos indicadores de projetos são padronizados. Dessa forma, cabe ao PMO desenvolver indicadores específicos que sejam adequados à realidade da organização. Adicionalmente, um Gerente de Projetos pode criar seus próprios indicadores para monitoração dos resultados de um projeto específico, em função de determinadas particularidades.[2]

A criação de indicadores é algo positivo e livre; no entanto, alguns cuidados devem ser tomados, pois envolve tempo e investimentos, não só na atividade de criação, mas, sobretudo, na sua utilização rotineira. Os indicadores devem ser encarados como ferramentas de apoio à gestão, e não como atividade burocrática e de alto custo.

Os indicadores de projeto obedecem aos quatro níveis hierárquicos da informação: captura e processamento dos dados, produção de informações relevantes, avaliação das informações e síntese, os quais são apresentados na 7.1.

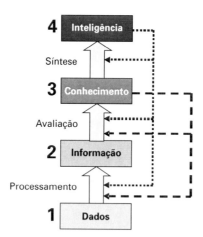

Figura 7.1 – Os níveis hierárquicos da informação.[3]

---

[2] Dentre os indicadores de monitoração de projeto que são padrões de mercado, pode-se citar: o CPI (*Cost Performance Index*), o SPI (*Schedule Performance Index*) e TCPI (*To-Complete Performance Index*). Quanto aos indicadores de gestão de riscos, gestão da comunicação, gestão do escopo, gestão dos recursos humanos nos projetos, gestão da qualidade etc., cabe ao PMO ou ao Gerente de Projetos defini-los de acordo com as necessidades e critérios da organização ou do projeto.

[3] Adaptado de MORESI, Eduardo A. D. *Gestão da informação e do conhecimento*. In: TARAPANOFF, Kira (Org.). Inteligência organizacional e competitiva. Brasília: UnB, 2001. p. 116-120.

Os dados coletados constituem-se em matéria-prima na produção de informações, dados estes que ainda não foram processados, integrados ou correlacionados, por isso não podem ser interpretados. Conforme se pode notar na Figura 7.1, após o processamento (incluindo agregação de dados, formatação, tradução etc.) passa-se para o nível 2 (informação), onde a apresentação da informação é feita de forma inteligível às pessoas que a utilizarão. No caso de indicadores de projeto, a situação é a mesma, em um primeiro momento ocorre a coleta de dados, para posteriormente ser gerada a informação, elaborada com base nos procedimentos e critérios previamente definidos.

A avaliação da informação endereça o terceiro nível hierárquico da informação que é o conhecimento, quando o conjunto de informações é interpretado diante da situação analisada. O conhecimento modifica-se pela interação com o ambiente – processo de aprendizagem. É nessa fase que ocorre a "leitura do indicador", ou melhor, o que ele transmite acerca do desempenho do projeto – de forma isolada, ou em conjunto com outros indicadores.

Finalmente, o quarto nível da informação é a inteligência que possibilita a tomada de decisão com base na síntese de conhecimentos, no julgamento e intuição. Nesse nível, o Gerente ou Diretor de Projetos interpreta os indicadores e avalia o cenário, permitindo entender a criticidade de alguns aspectos do projeto, identificando causas-raiz e elaborando planos corretivos. A tomada de decisão é uma ação humana, com base na vivência, experiência e intuição do profissional, tendo os indicadores como insumos desse processo.

7.2 Criação de indicadores: passo a passo

7.2.1 Fase 1 – Definição do indicador

Nesta fase deve-se definir claramente o que se quer medir com o novo indicador e qual o objetivo de realizar tal medição, verificando se o indicador efetivamente endereça o objetivo pretendido, atribuindo-se um nome único e específico para ele. Em seguida, devem-se definir as fontes para captura dos dados, bem como a forma de extração, tamanho da amostra e periodicidade para realização da coleta dos dados. Finalmente, definir e documentar como ocorrerá o processamento dos dados para que sejam transformados em informação (número absoluto, quociente, percentual); neste item, os parâmetros de normalidade e de exceção precisam ser definidos. É evidente que a qualidade do indicador está diretamente relacionada à disponibilidade e tratamento dos dados. Resumidamente, tem-se:

> Passo 1 – Definir o que se quer medir e o objetivo; nomear o novo indicador;
> Passo 2 – Definir as entradas: fontes, formas de coleta, amostra e periodicidade;
> Passo 3 – Definir o tratamento dos dados e o formato do indicador (percentual, *rating*, faixa numérica ou outro);
> Passo 4 – Documentar quais são os níveis de normalidade e os de exceção.

7.2.2 Fase 2 – Implantação do indicador

Antes da efetiva utilização do indicador, torna-se necessário que se realizem testes, sempre que possível, utilizando situações já ocorridas, permitindo, assim, uma avaliação da aderência do indicador ao objetivo pretendido. Se isso não for possível, antes da realização de testes reais, recomenda-se a realização de simulações que permitam identificar falhas e possibilitem realizar ajustes e correções. O processo de comunicação na organização é fundamental no sucesso da implantação do novo indicador, pois o mesmo deve ser de conhecimento dos interessados, criando uma linguagem comum, a fim de facilitar sua aplicabilidade e interpretação de resultados. A implantação do novo indicador deve ser monitorada e revisada continuamente.[4 e 5] Resumidamente, os passos desta etapa são:

> Passo 5 – Testar o indicador, ajustar e corrigir;
> Passo 6 – Divulgar o indicador: objetivo, aplicação e interpretação de resultados;
> Passo 7 – Implantar e revisar continuamente.

---

[4] A avaliação do indicador (informação transformada em conhecimento) é mais complexa que a interpretação do resultado em si, pois envolve outros aspectos que compõem a situação do projeto: histórico, evolução, particularidades etc.
[5] TERRIBILI FILHO, Armando. Indicadores de desempenho em projetos: imagens estáticas ou tendências? *Mundo Project Management*, 3(16):12-17, ago./set. 2007.

7.3 Exemplo de criação de um indicador

Suponha que uma empresa de telefonia celular tenha um projeto de disponibilização de um novo produto/serviço a seus clientes em Porto Alegre (projeto piloto), por exemplo, divulgação de placa modem com banda larga. Desde o início do projeto até três meses após sua conclusão, pretende-se acompanhar o nível de divulgação do novo serviço para potenciais clientes, pois com base em resultados obtidos, pode-se assumir que a divulgação foi concluída ou definir campanhas promocionais de reforço direcionadas a públicos específicos.

Dessa forma, o indicador poderia ser chamado de Índice de Divulgação de Novo Serviço. A coleta de dados (idade, nível de escolaridade e conhecimento ou não do novo serviço) poderia ocorrer por meio da realização de pesquisas presenciais, por e-mail, por telefone ou por torpedo. A abrangência seria ter uma amostra com pelo menos 1.000 pessoas, cuja periodicidade de coleta dos dados seria mensal.

Como forma de tratamento, o Gerente de Projetos poderia definir um percentual de conhecimento do novo serviço em três níveis: geral, por faixa etária e por nível de escolaridade. Nesse caso, poderia ser estabelecido como percentuais mínimos de conhecimento do novo serviço, os dados contidos na Figura 7.2.

	Primeira Pesquisa	Segunda Pesquisa	Terceira Pesquisa e seguintes
Geral	20%	40%	50%
Faixa Etária			
de 15 a 35 anos	30%	50%	70%
de 36 a 55 anos	10%	20%	30%
mais de 55 anos	5%	10%	15%
Escolaridade			
Ensino fundamental (completo ou não)	10%	20%	30%
Ensino médio (completo ou não)	20%	40%	50%
Ensino superior (completo ou não)	30%	50%	70%

Figura 7.2 – Patamares mínimos aceitáveis para conhecimento do novo serviço.

O cálculo do indicador poderia ser definido como sendo um número de 1 a 7, pois para cada percentual atingido ou superado atribuir-se-ia o valor "1" e para cada percentual não atingido, atribuir-se-ia o valor "0", e o padrão aceitável poderia ser fixado no valor total igual ou superior a 5.

Assim, se na primeira pesquisa se obteve os percentuais 25%, 20%, 20%, 10%, 20%, 10%, 20%, então o indicador seria 4 (decorre de 1 + 0 + 1 + 1 + 1 + 0 + 0). Se na segunda pesquisa, o indicador caiu para 2 e na terceira pesquisa subiu para 3, então, a meta não foi atingida. Cabe ao Gerente de Projeto, com base nessa "pista" avaliar as causas-raiz do não atingimento do patamar mínimo de 5; por exemplo, quais públicos-alvo não foram atingidos? Quais mídias foram utilizadas? Quais recursos de comunicação foram utilizados? Com base nessas respostas poderá reorientar a divulgação não somente para o projeto piloto (Porto Alegre), como para as demais cidades do *rollout*.[6]

Por outro lado, se o indicador obtido na primeira pesquisa subisse de 4 para 5 na segunda pesquisa, e na terceira pesquisa fosse 6, isso indicaria que as metas da divulgação estavam plenamente atingidas.

Poder-se-ia, também, definir faixas de aceitação para o indicador, por exemplo:

- 0 ou 1 = sofrível
- 2 ou 3 = fraco
- 4 = aceitável
- 5 = bom
- 6 ou 7 = muito bom

Dessa forma, na primeira simulação efetuada (valores obtidos: 4, 2 e 3), ter-se-ia: aceitável (primeira pesquisa), fraco (segunda e terceira pesquisas). Na segunda simulação realizada (valores obtidos: 4, 5 e 6), ter-se-ia para as três pesquisas: aceitável, bom e muito bom, evidenciando a progressividade dos resultados positivos em relação às metas.

Adicionalmente, pode-se também trabalhar por *ratings* utilizando-se cores. Em geral, se utiliza verde, amarelo e vermelho que são internacionais

---

[6] *Rollout* é um termo usual na área de Tecnologia da Informação que significa replicar uma implantação para outras localidades; em geral, após a realização de uma implantação piloto.

na legislação de trânsito de veículos, sendo, portanto, autoexplicativos. No exemplo mencionado, poder-se-ia utilizar:

- 0, 1 ou 2 = vermelho
- 3 ou 4 = amarelo
- 5, 6 ou 7 = verde

Assim, na primeira simulação, ter-se-ia: amarelo (primeira pesquisa), vermelho (segunda pesquisa) e amarelo (terceira pesquisa). Na segunda simulação, ter-se-ia para as três pesquisas: amarelo (indicador = 4), verde (indicador = 5) e verde (indicador = 6).

A apresentação dos resultados de um indicador efetuada por conceitos (sofrível, fraco, aceitável, bom ou muito bom) ou por cores (verde, amarelo ou vermelho) é de fácil entendimento e compreensão para todos os envolvidos no processo, em virtude da alta significância que carregam consigo.

7.4 Condições essenciais para validação de indicadores

Um mesmo indicador calculado periodicamente permite que sejam realizadas comparações para se avaliar progressos e mudanças no projeto. Além disso, sempre que possível, um indicador deve possibilitar o estabelecimento de prognósticos (projeções), permitindo-se prever o que acontecerá no projeto a partir deste momento, se nada for mudado. É por isso que se diz que a última posição do indicador é a significativa para se realizar as análises, pois é a "fotografia" daquela dimensão do projeto no momento da medição.

Os indicadores de projeto devem atender a quatro condições para que permitam apresentar boas sinalizações de uma ou várias dimensões de um projeto: independência, verificabilidade, validade e acesso.[7]

Quanto à **independência**, não se deve utilizar um único indicador para se medir mais de uma dimensão (ou meta) de um projeto, pois se o indicador tiver algum viés, ele se propagará nas avaliações que serão efetuadas. Por exemplo: é possível que se cometa um equívoco ao se utilizar

---

[7] ANDER–EGG, Ezequiel; AGUILAR IDÁNEZ, Maria José. *Cómo elaborar un proyecto: guía para diseñar proyectos culturales y sociales*. 18. ed. Buenos Aires: Lúmen/Hvmanitas, 2005. p. 64–66.

o ISP (Indicador de Satisfação do Patrocinador) para avaliar a satisfação do usuário final, uma vez que o patrocinador pode ter uma percepção distinta do usuário final quanto ao mesmo projeto. Dessa forma, poder-se-ia criar um indicador específico para esse fim.

A **verificabilidade** de um indicador permite comprovar que as mudanças que ocorrem no projeto durante sua execução são refletidas no indicador. Por exemplo: se em um dado momento as despesas realizadas em um projeto superam o que foi planejado para as mesmas atividades, então, o CPI (*Cost Performance Index*) é inferior a 1,0. Se em um momento seguinte, consegue-se uma reversão dessa situação negativa, então o CPI passa a refletir a condição favorável, tornando-se superior ou igual a 1,0.

A **validade** do indicador é que ele meça efetivamente o que se quer medir. Adicionalmente, o conjunto de indicadores definidos para um projeto em seu planejamento deve permitir ao Gerente de Projetos efetuar uma avaliação holística do projeto em todas as áreas ou, pelo menos, nas mais prioritárias para o projeto específico.

O acesso aos dados que possibilitam o cálculo do indicador deve ser possível e obtido com relativa facilidade.

Adicionalmente às quatro condições mencionadas, todo indicador deve ter um *target* predefinido que pode representar quantidade, qualidade, tempo, custo ou satisfação do cliente.[8]

7.5 Indicador único de projeto para todas as dimensões

Matematicamente é possível criar um indicador único que contemple vários indicadores do projeto, entretanto, isso deve ser criteriosamente analisado, para evitar erros e equívocos. Para que possa existir a consolidação de indicadores, algumas condições são necessárias: todos os indicadores devem ter o mesmo formato (índice, percentual ou *rating*), as mesmas escalas e as mesmas faixas de validade. Dessa forma, podem ser considerados homogêneos e consolidados em um único indicador – o que não é tarefa fácil.

Por exemplo, o CPI (*Cost Performance Index*) e o SPI (*Schedule Performance Index*) têm como "ponto de normalidade" o número 1,0. Valo-

---

[8] TERRY, Schimdt. *Strategic project management made simple: pratical tools for leaders and teams*. New Jersey: John Wiley, 2009. p. 116-117.

res abaixo de 1,0 indicam desempenho abaixo do previsto (em custos, para o CPI; e em prazos, para o SPI); enquanto valores acima de 1,0 indicam desempenho acima do previsto, como abordados nos capítulos 4 e 5. Caso se queira "consolidar" CPI com SPI poder-se-ia utilizar dois procedimentos:

- Média aritmética ou ponderada entre os indicadores – é um processo extremamente perigoso, pois um indicador pode compensar o outro, proporcionando um erro de interpretação no resultado. Por exemplo, se CPI = 1,5 (projeto econômico) e SPI = 0,5 (projeto lento), obtém-se como média aritmética o quociente 1,0 – o que representaria, de forma equivocada, um resultado altamente satisfatório, porém, se trata de um projeto com problemas de prazo (caminha a 50% da velocidade planejada).

- Produto entre os dois indicadores – é também perigoso, pelas mesmas razões do critério anterior (compensação causando distorções). A fim de eliminar esse possível erro, pode-se limitar que o CPI ou SPI utilizados no processo de consolidação estejam limitados a 1,0. Assim, o produto entre CPI e SPI representaria um novo indicador, com validade somente no caso de ambos os indicadores estarem abaixo de 1,0, pois mediria o "quão longe" do *target* o projeto está em termos de custos e prazos. Quando somente um dos indicadores fosse superior a 1,0, o produto seria exatamente o indicador com valor abaixo de 1,0 – o que tornaria o novo indicador sem sentido. No caso de CPI e SPI acima de 1,0, o resultado do novo indicador seria 1,0, também com pouca representatividade avaliativa, uma vez que o projeto está excedendo as expectativas em termos de custos e prazos.

Quando se amplia a análise do CPI e SPI com outros indicadores, por exemplo, o ISP (Indicador de Satisfação do Patrocinador), IPEC (Indicador de Planejamento e Efetividade da Comunicação), IGR (Indicador de Gestão de Riscos), o problema assume maiores proporções, seja pelo procedimento de cálculo de média, seja pelo produto. Isso porque esses indicadores têm valor máximo 1,0, que no caso, representa condição excelente. Considerando-se que 0,8 é um bom indicador para o ISP, IPEC e IGR, a média ou produto traria distorções na interpretação da avaliação do projeto.

Assim, o que se sugere é a utilização de *ratings* (com uso das cores verde, amarelo e vermelho). Por exemplo, CPI e SPI com valores iguais ou superiores a 1,0 devem ser encarados como verde; maior ou igual a 0,9 e inferior a 1,0 podem ser avaliados como amarelo; e abaixo de 0,9 como vermelho. De modo análogo, os indicadores ISP, IPEC e IGR com valor igual ou superior a 8,0 podem ser avaliados como verde; igual ou maior a 6,5 e inferior a 8,0 como amarelo; e abaixo de 6,5 como vermelho.

A combinação de *ratings* gera um *Cockpit* de indicadores, cuja construção não é um algoritmo matemático, mas deve ter uma lógica que pode ser alterada de empresa para empresa. Um exemplo desse *Cockpit* é apresentado no Capítulo 1 – Indicadores.

8
PMO e o Conjunto de Indicadores dos Projetos

8.1 PMO

Com o objetivo de se ter uma estrutura específica e profissional para a área de gerenciamento de projetos, surgiu nas organizações, o PMO – *Project Management Office* ou Escritório de Projetos. Em algumas organizações sua responsabilidade é limitada a dar suporte aos Gerentes de Projeto; em outras, tem suas responsabilidades expandidas, pois fica responsável por definir metodologias e padrões, englobando: documentação, divulgação, treinamento dos profissionais e monitoração quanto ao uso correto. Há ainda, organizações em que o PMO é responsável direto pelo *delivery* dos projetos, tendo sob sua gestão os Gerentes de Projeto e o *Pool* de consultores e especialistas.[1] Assim, um PMO pode atuar como Centro de Suporte (responsável pelo apoio à execução dos projetos), Centro de Gerenciamento (responsável pela execução dos projetos) ou Centro de

---

[1] Algumas empresas, com estrutura projetizada, sobretudo as prestadoras de serviço têm no *Pool* de consultores e especialistas, os profissionais que atuam nos diversos projetos. Esses profissionais não têm vínculo hierárquico com os Gerentes de Projetos, mas sim com o *Resource Manager* (Gerente de Recursos), responsável pelas suas alocações nos projetos, buscando otimizações em função das habilidades e necessidades dos projetos. O *Resource Manager* tem outras responsabilidades na área de desenvolvimento de pessoal, como: definir plano de treinamento individualizado para os profissionais do *Pool*, consolidar as avaliações e *feedbacks* recebidos dos Gerentes de Projetos acerca da atuação dos profissionais do *Pool*, realizar *coaching* e orientar o encarreiramento dos profissionais, de acordo com suas habilidades e interesses.

Excelência na organização, responsável pelo acompanhamento.

De qualquer modo, a função primária de um PMO é dar suporte aos Gerentes de Projetos que pode incluir, mas não se limitando a:

- Gerenciar os recursos, compartilhando-os por todos os projetos gerenciados pelo PMO;
- Identificar e desenvolver metodologias, *best practices* e padrões na área de gerenciamento de projetos;
- Realizar *coaching*, orientação de carreira, treinamento e supervisão;
- Monitorar e auditar a aplicação de políticas, o uso de procedimentos e formulários definidos como padrões na organização;
- Desenvolver políticas, procedimentos, formulários e documentações compartilhadas para a área de gerência de projetos;
- Coordenar a comunicação entre os projetos.[2]

Os objetivos de um Gerente de Projeto e de um profissional do PMO são distintos, pois o primeiro atribui prioridade ao projeto sob sua gestão, enquanto o PMO direciona seus esforços para o melhor atingimento dos objetivos de negócios da organização, visando também a otimização dos recursos e a utilização padronizada de metodologia e ferramentas nos projetos.

Há, entretanto, pontos de intersecção entre eles, pois o somatório dos resultados dos projetos afeta diretamente os resultados do PMO. Dessa forma, os indicadores de monitoração de projeto vistos nos capítulos anteriores, podem (e devem) ser utilizados pelo PMO, a fim de identificar possíveis ações preventivas ou corretivas, tanto em nível de projeto como em nível mais abrangente e amplo, ou seja, de Escritório de Projetos.

8.2 Monitoração individual de um mesmo indicador em todos os projetos

É importante que o PMO monitore os indicadores operacionais de gerenciamento de projetos, para que possa identificar potenciais problemas e, consequentemente, endereçar ações para saná-los. Por exemplo, se os

---

[2] PPMI, Project Management Institute. *Um Guia do Conhecimento em Gerenciamento de Projetos (Guia PMBOK)*. 6 ed. Pensilvânia: Project Management Institute, 2017, p. 48.

IPECs (Indicador de Planejamento e Efetividade da Comunicação) têm se mostrado consistentemente baixos e estão em *ratings* "vermelho" ou "amarelo", faz-se necessária uma avaliação das causas-raiz para identificar ações corretivas. Quando do diagnóstico poder-se-á identificar problemas pontuais em projetos, mas também, problemas disseminados por vários projetos, gerenciados por diversos Gerentes de Projeto. Nesse caso, a avaliação deve ter como alvo três metas: (1) políticas, procedimentos e ferramentas; (2) capacitação dos Gerentes de Projeto; e (3) revisões de qualidade.

Para o primeiro item (políticas, procedimentos e ferramentas) cabe ao PMO criar as políticas, definir os procedimentos e identificar/disponibilizar as ferramentas para uso dos Gerentes de Projeto. Deve existir bom nível de documentação sobre esses itens, de fácil entendimento (preferencialmente, com exemplos didáticos) e que possibilite acesso não somente aos profissionais que atuam no *War Room* (Sala do Projeto), mas também àqueles geograficamente distantes ou que trabalham na modalidade de *Home Office*.

O segundo item é relativo à capacitação dos Gerentes de Projetos na utilização dos procedimentos e das ferramentas disponibilizadas. Para garantir a aplicação efetiva dos procedimentos implantados, faz-se necessária ampla divulgação e treinamento, a fim de capacitar os profissionais de forma irrestrita. Finalmente, o terceiro item é relativo à fiscalização quanto à utilização dos procedimentos e das ferramentas, nos prazos predefinidos e com padrão de qualidade estabelecido. Esse processo de fiscalização pode ser efetuado por meio de Revisões de Qualidade, Auditorias Internas ou abordagem individualizada, com sistemática definida pelo PMO.

Na Figura 8.1 é apresentada a situação atual de dez projetos em curso (gerenciados por quatro profissionais distintos) para o IPEC (Indicador de Planejamento e Efetividade da Comunicação).

Lembrete: IPEC abaixo de 6,5 é *rating* vermelho; 6,5 ou superior e abaixo de 8,0 é amarelo; o *rating* é verde quando for 8,0 ou acima (Capítulo 3 – Indicador de Planejamento e Efetividade da Comunicação).

	Gerente de Projeto	**IPEC**	
Projeto 1	A	5,0	vermelho
Projeto 2	A	4,0	vermelho
Projeto 3	B	8,0	verde
Projeto 4	B	9,5	verde
Projeto 5	B	7,0	amarelo
Projeto 6	B	6,5	amarelo
Projeto 7	C	8,0	verde
Projeto 8	C	8,5	verde
Projeto 9	C	7,0	amarelo
Projeto 10	D	7,5	amarelo
Média		7,1	amarelo

Figura 8.1 – IPEC de 10 projetos (simulação).[3 e 4]

A média de 7,1 indica que o PMO precisa analisar quais os fatores mais impactantes no cálculo do IPEC que fizeram com que o *target* mínimo para o *rating* verde (8,0) não fosse atingido. Ademais, outra análise que pode ser realizada é quanto aos resultados obtidos individualmente pelos Gerentes de Projeto.

As médias aritméticas dos gerentes dos projetos A, B, C e D são respectivamente: 4,5; 7,8; 7,8 e 7,5. Avaliando-se exclusivamente do ponto de vista numérico, o *Project Management Office* tem um problema com o Gerente A, devendo avaliar se o mesmo recebeu o treinamento necessário, se está sobrecarregado de atividades, se é profissional pouco experiente ou se há particularidades dos Projetos 1 e 2 que fizeram com que os IPECs fossem tão baixos.[5]

---

[3] A utilização de média aritmética de um dado indicador é pouco recomendável, pois os projetos têm diferentes níveis de complexidade e dificuldades gerenciais. Assim, para calcular a média de um indicador para a organização, seria mais adequado utilizar a média ponderada do indicador, tendo por "peso da ponderação" o valor financeiro de cada um dos projetos.

[4] Em função de características gráficas de impressão do livro, os *ratings* verde, amarelo e vermelho foram representados em tons de cinza distintos, a fim de manter consistência entre os *ratings* e a intensidade de coloração.

[5] A avaliação do Gerente de Projetos exclusivamente pelos resultados nos indicadores

Outro exemplo é mostrado na Figura 8.2, quando são apresentados o IGR dos mesmos 10 projetos. Relembrando que IGR abaixo de 6,5 é *rating* vermelho; 6,5 ou superior e abaixo de 8,0 é amarelo; o *rating* é verde quando for 8,0 ou acima desse valor (Capítulo 6 – Indicador de Gestão de Riscos).

	Gerente de Projeto	IGR	
Projeto 1	A	7,4	verde
Projeto 2	A	4,1	vermelho
Projeto 3	B	6,5	amarelo
Projeto 4	B	5,4	vermelho
Projeto 5	B	5,4	vermelho
Projeto 6	B	2,8	vermelho
Projeto 7	C	4,1	vermelho
Projeto 8	C	6,5	amarelo
Projeto 9	C	3,0	vermelho
Projeto 10	D	4,1	vermelho
	Média	4,9	vermelho

Figura 8.2 – IGR de 10 projetos (simulação).[6 e 7]

Pela Figura 8.2 pode-se notar que o IGR está muito aquém dos padrões estabelecidos na organização (sete projetos estão com *rating* vermelho). A média geral de 4,9 é também muito baixa, representando que a Gestão de Riscos não vai bem na organização de forma generalizada.

---

dos projetos que ele gerencia é míope e pode ser caótica na organização. Toda avaliação de profissionais requer a avaliação não só de resultados quantitativos, mas também dos resultados qualitativos, comportamentais e gerenciais. O contexto estratégico e histórico de um projeto pode trazer indicadores desfavoráveis, contudo, com brilhante atuação do Gerente de Projeto. Nos casos específicos de CPI e SPI isso é mais notório ainda, pois nem sempre o profissional que faz as estimativas de custos e tempo do projeto é o responsável pela execução.

[6] A utilização de média aritmética de um dado indicador é pouco recomendável, pois os projetos têm diferentes níveis de complexidade e dificuldades gerenciais. Assim, para calcular a média de um indicador para a organização, seria mais adequado utilizar a média ponderada do indicador, tendo por "peso da ponderação" o valor financeiro de cada um dos projetos.

[7] Em função de características gráficas de impressão do livro, os *ratings* verde, amarelo e vermelho foram representados em tons de cinza distintos, a fim de manter consistência entre os *ratings* e a intensidade de coloração.

Nesse caso, cabe ao PMO fazer um diagnóstico da situação e uma avaliação das políticas, procedimentos e padrões, ferramentas, cursos disponíveis e suporte que tem sido dado aos Gerentes de Projeto, a fim de reverter a situação.

8.3 Monitoração temporal de um mesmo indicador

Monitorar a evolução dos indicadores de projeto é uma tarefa importante do PMO, para que possa direcionar os esforços para as áreas mais carentes da organização. Um exemplo disso é mostrado na Figura 8.3. Nessa figura são mostrados dois indicadores (IPEC e IGR) ao longo de seis trimestres.

Esta visualização gráfica permite concluir que ambos os indicadores estão evoluindo muito bem na organização. O IPEC que no Trimestre 1 teve média de 5,0, saltou nos trimestres seguintes para 7,1, 7,2, 7,4, 8,1 e 7,9, assim, pôde-se perceber que houve uma ação efetiva do PMO para que existisse essa sensível melhoria, passando de 5,0 para 7,1 (Trimestre 2). Nos trimestres seguintes, é notória uma melhoria incremental, já estabilizada, característica de um PMO atuante e investigativo na organização.

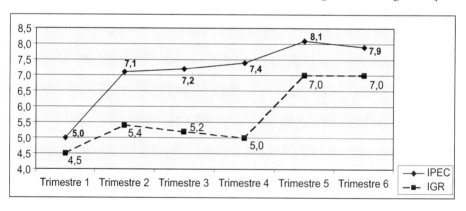

Figura 8.3 – Evolução histórica do IPEC e IGR.

O outro indicador que é mostrado na Figura 8.3 é o IGR (Indicador de Gestão de Riscos). Efetuando-se uma análise histórica, verifica-se que o indicador estava estabilizado por quatro trimestres consecutivos em patamares muito baixos (4,5; 5,4; 5,2 e 5,0). No quinto trimestre houve um salto na média, passando de 5,0 para 7,0, evidenciando o direcionamento de esforços do PMO para esse item. Aparentemente, com o 7,0 do Trimestre 6, nota-se que há uma tendência de estabilização. Vale relembrar que essa sensível melhoria pode ter vários componentes, com destaque para a implantação de novos procedimentos e padrões de trabalho, capacitação do corpo gerencial na organização, divulgação de cultura acerca da importância do tema e monitoração das ações, e, consequente, resultados parciais já obtidos nos dois últimos trimestres.

8.4 ISP e os subindicadores

No capítulo 2, foi abordado o Indicador de Satisfação do Patrocinador (ISP). No questionário para apuração do ISP, há sete grupos distintos: Gerenciamento Geral, Gerenciamento do Escopo, Gerenciamento do Tempo, Metodologia, Qualidade, Equipe e Gerenciamento da Comunicação. Dessa forma, como cada grupo é formado por um conjunto específico de questões, os resultados apurados para cada um desses sete grupos representa um subindicador do ISP.

Assim, o PMO pode ser apurado para todos os projetos em execução na organização, o valor médio de cada subindicador, que representará a percepção dos patrocinadores de projetos para cada um dos sete grupos de questões contemplados no ISP.

É importante observar que alguns subindicadores têm seu direcionamento para o projeto em si; porém, outros são sinalizadores de potenciais melhorias do próprio PMO. Por exemplo, os subindicadores dos itens Metodologia e Equipe podem evidenciar problemas generalizados nos projetos e/ou insatisfações nessas áreas, propiciando ao PMO estabelecer um plano de recuperação e acompanhamento para toda a organização.

Há casos em que o resultado de um subindicador pode conflitar com o de um indicador, por exemplo, o subindicador Gerenciamento da Comunicação frente ao IPEC (Indicador de Planejamento e Efetividade da Comunicação). Nesse caso, o PMO deve investigar a causa da inconsistência observada e providenciar as correções necessárias.

Índice Remissivo

AC, 80, 92
Actual Cost. Veja AC
Cockpit
  ampliado de projeto, 33, 35, 36-44
  conceito, 29
  de projeto, 31
  exemplo, 32
Comunicação, 61
Contratos, 76
Cost Performance Index. Veja CPI
Cost Variance. Veja CV
CPI
  conceito, 87
  exemplo, 88, 89
  fórmula, 87
  representação gráfica, 89
CPI e SPI
  interpretações, 100
  visão consolidada, 101
Cronograma, 28, 65, 95, 115
Custos
  componentes de, 74
  estimativas, 75
  fórmulas, 92-93
  monitoração no projeto, 80
CV
  conceito, 85
  fórmula, 93
EAC, 81, 92
Earned Value. Veja EV
Escala de Likert, 110
Escritório de Projetos. Veja PMO
Estimate at Completion. Veja EAC
Estimate to Complete. Veja ETC
ETC
  cálculo com base no CPI, 90
  conceito, 80
  fórmulas, 93
  ilustração gráfica, 92
EV
  conceito, 84
  exemplo, 84
Fixed Price, 76
IGR
  apuração final, 112
  cálculo, 111-112
  conceito, 103
  faixas de pontuação, 112
  questionário, 110
Indicadores
  conceito, 25
  criação
    condições de validação, 122
    exemplo, 119
    passo a passo, 117
  de projetos, 29
  tipos, 29, 30
Indicador de Comunicação. Veja IPEC
Indicador de Custos. Veja CPI
Indicador de Desempenho de Custos. Veja CPI
Indicador de Desempenho de Prazos. Veja SPI
Indicador de Gestão de Riscos. Veja IGR
Indicador de Planejamento e Efetividade da Comunicação. Veja IPEC
Indicador de Prazos. Veja SPI
Indicador de Riscos. Veja IGR

Indicador de Satisfação do Patrocinador. Veja ISP
Informação
　fluxo, 116
　níveis hierárquicos, 115
IPEC
　cálculo, 77
　faixas de pontuação, 71
　interpretação, 71
　questionário, 69
ISP
　cálculo, 52
　coleta de dados, 51
　conceito, 45
　questionário
　　elaboração, 51
　　exemplo, 49
　subindicadores, 131
Lessons learned, 64, 79, 88, 98
Lições aprendidas. Veja *lessons learned*
Likert, 110
Margem, 78
Mark-up, 78
Planned Value. Veja PV
Plano de Comunicação
　conceito, 65
　exemplo, 67
Plano de Gestão de Riscos
　conceito, 104
　exemplo, 107
PMBOK, 22, 65, 73, 91
PMI, 12, 15, 22, 65, 73, 91
PMO
　conceito, 125
　monitoração de indicadores, 126
　work completion, 86
PMP, 12, 19
Pool de recursos, 125
Project Management Body of Knowledge. Veja PMBOK
Project Management Institute. Veja PMI

Project Management Office. Veja PMO
PV, 80
Resource Manager, 125
Reunião
　de conclusão de fase, 62
　de encerramento de projeto, 63
　de início ou lançamento de projeto, 61
　de progresso ou avanço de projeto, 62
　executiva, 63
　para captura de *lessons learned*, 64
Riscos
　conceito, 103
　probabilidade, 105
　severidade, 106
ROI, 27
Rollout, 120
Schedule Performance Index. Veja SPI
Schedule Variance. Veja SV
SPI
　cálculo, 96
　exemplo, 96
　interpretação, 95
　projeção futura nos prazos, 99
SV, 100
TCPI
　conceito, 91
　fórmulas, 93
Time & Material, 76
To-Complete Performance Index. Veja TCPI
Valor da contingência
　cálculo, 108
　utilização, 77
War Room, 65, 127
WBS, 79, 81
Work completion
　conceito, 86
　estilos, 86
　exemplo, 87

Referências

ANDER-EGG, Ezequiel; AGUILAR IDÁNEZ, Maria José. *Cómo elaborar un proyecto: guía para diseñar proyectos culturales y sociales*. 18. ed. Buenos Aires: Lúmen/Hvmanitas, 2005.

ARMANI, Domingos. *Como elaborar projetos? Guia prático para elaboração de projetos sociais*. Porto Alegre: Tomo Editorial, 2004.

BRASSARD, Michael; FINN, Linda; GINN, Danna; RITTER, Diane. *The six sigma memory Jogger II*. New Hampshire: Goal/QPC, 2002.

CARVALHO, Marly M.; RABECHINI Jr., Roque. *Construindo competências para gerenciar projetos: teoria e casos*. São Paulo: Atlas, 2006.

DÍAZ MARTIN, Ángel. *El arte de dirigir proyectos*. 2. ed. México, D.F.: Alfa-omega, 2007.

HACKOS, JoAnn. *Information development managing your documentation projects, portfolio, and people*. Indianapolis: Wiley, 2007.

MADERS, Henry-Pierre. *Piloter um projet d'organisation*. Paris: Eyrolles, 2008.

MORESI, Eduardo A. D. *Gestão da informação e do conhecimento*. In: TARAPANOFF, Kira (Org.). Inteligência organizacional e competitiva. Brasília: UnB, 2001.

PMI, Project Management Institute. *Um Guia do Conhecimento em Gerenciamento de Projetos (Guia PMBOK)*. 6 ed. Pensilvânia: Project Management Institute, 2017.

———. Project Management Institute – *Chapters Brasileiros*. Estudo de Benchmarking em Gerenciamento de Projetos Brasil, 2009.

TERRIBILI FILHO, Armando. Indicadores de desempenho em projetos: imagens estáticas ou tendências? *Mundo Project Management*, 3(16):12-17, ago./set. 2007.

———. A escolha dos indicadores de desempenho de projetos. *Qualimetria*, São Paulo, v. 213, p. 58-59, maio 2009.

———. Gestão de custos e de riscos em projetos. *Qualimetria*, São Paulo, v. 215, p. 72-73, julho 2009.

———. Projetos: as reuniões são realmente necessárias? *Qualimetria*, São Paulo, v. 220, p. 84-85, dezembro 2009.

TERRY, Schimidt. *Strategic project management made simple: pratical tools for leaders and teams*. New Jersey: John Wiley, 2009.